逐梦

颜军与中国商业航天的故事

赵天云 著

哈爾濱工業大學出版社

图书在版编目(CIP)数据

逐梦：颜军与中国商业航天的故事/赵天云著. —哈尔滨：哈尔滨工业大学出版社，2020.11
ISBN 978-7-5603-9122-9

Ⅰ. ①逐… Ⅱ. ①赵… Ⅲ. ①颜军- 生平事迹Ⅳ. ①K825.38

中国版本图书馆CIP数据核字(2020)第196082号

HITPYWGZS@163.COM
艳|文|工|作|室 13936171227

逐梦：颜军与中国商业航天的故事

ZHU MENG: YAN JUN YU ZHONGGUO SHANGYE HANGTIAN DE GUSHI

策划编辑 李艳文 范业婷
责任编辑 孙 迪 马 媛
装帧设计 屈 佳
出版发行 哈尔滨工业大学出版社
社　　址 哈尔滨市南岗区复华四道街10号 邮编150006
传　　真 0451-86414749
网　　址 http://hitpress. hit. edu. cn
印　　刷 辽宁新华印务有限公司
开　　本 710mm×1000mm 1/16 印张 18.5 字数239千字
版　　次 2020年11月第1版 2020年11月第1次印刷
书　　号 ISBN 978-7-5603-9122-9
定　　价 100.00元

序

颜军博士请我为《逐梦：颜军与中国商业航天的故事》一书作序，我很高兴。他常对我谈及发展中国商业航天的构思，邀我参与并见证了由他主导的“珠海一号”商业遥感微纳卫星星座体系的建设。强大的商业航天是中国未来航天事业发展的方向之一。

2014年4月，我在广州开完一个全国性的会议，应邀来到颜军所在的珠海欧比特公司。其间颜军向我汇报了他的公司多年来在宇航电子领域的设计生产及应用情况，令人印象深刻；同时，他向我重点介绍了公司针对空间卫星信息平台建设的规划，畅谈了欲发射卫星星座，从事商业航天的构想。他说：“现在宇航芯片技术发展很快，成本也在降低，我们的宇航芯片已广泛应用于航天器中了，我们想发射用我们自己的芯片制造的卫星，建设卫星对地观测体系……”并邀请我担任公司专家委员会的主任。当时我国的商业航天尚处在萌芽状态，卫星产业都是国家主导，一家民营公司想发射商业卫星，困难可想而知。但前进的道路上总需要有第一个“吃螃蟹”的人，我很赞赏颜军带领的团队勇于创新、勇于拼搏的精神，欣然答应了颜军博士的邀请。

成功总是赋予那些脚踏实地、兢兢业业、不屈不挠的人。经过不懈的努力，克服了重重困难，2017年6月15日上午11时，“珠海一号”卫星星座的01组两颗卫星终于飞上了天宇，正式揭开了我国民营上市企业参与商业遥感卫星产业的新篇章。后来按计划陆续又进行了两次卫星发射，成就了今天我们看到的在轨12颗卫星组成的“珠海一号”商业遥感微纳卫星星座，其中8颗高光谱卫星组网运行的高光谱星座，也是当时世界上唯一的高光谱商业微纳卫星星座。目前在颜军博士带领的团队的共同努力下，“珠海一号”卫星星座从轨道设计、卫星设计制造、发射、星座运营到卫星大数据处理及应用等商业运作已成体系，正在我国智慧城市、自然资源、生态保护、农业农村、应急管理等领域发挥着越来越大的作用，商业遥感卫星的商业价值也在逐步体现。目前“珠海一号”商业遥感卫星星座的建设正在按照规划有条不紊地进行，我们期待着“珠海一号”卫星星座的未来，期待中国商业遥感卫星更多的突破，期待中国商业遥感卫星走在世界前列，期待中国航天事业蒸蒸日上，也期待颜军博士的团队再创佳绩。

颜军博士是中组部重大人才工程专家、国家特聘专家，是我国航空航天SPARC V8处理器宇航SOC芯片及SIP微系统设计与开发的倡导者及领航者，是主导我国民营企业参与商业遥感卫星星座建设的第一人，是我国商业遥感卫星星座及卫星大数据产业的探索者。《逐梦：颜军与中国商业航天的故事》描述了他从中国农村的一个普通孩子，成长为中国商业航天人才的整个历程。从高密静僻的小村庄到哈尔滨以及海外求学再到回国创业，从航空航天SPARC V8处理器宇航SOC芯片及SIP微系统到“珠海一号”商业遥感微纳卫星星座体系，颜军的成长伴随着中国航天的发展，是党和国家的培养、是他个人及其团队奋斗的成果。希望《逐梦：颜军与中国商业航天的故事》可以激励更多有着航天梦想的年轻人，肩负起时代的重任，为祖国的航天事业发展做出贡献。

王家耀 中国工程院院士

二〇二〇年七月六日 于郑州

遥远的太空中　总有一颗星与你相伴

2020年1月，鼠年的钟声还未敲响，一场突如其来的新型冠状病毒引发的疫情牵动着每一个中国人的心。

2020年1月23日，疫情爆发。武汉市参照2003年抗击非典期间北京小汤山的医院模式，在蔡甸区和江夏区快速建造“火神山”医院与“雷神山”医院，而这两处施工现场的直播更是吸引了约4 000万人在线围观。

疫情伊始，珠海欧比特宇航科技股份有限公司（简称欧比特），火速调动自主运营的“珠海一号”商业遥感卫星星座对湖北省武汉市地区进行密集拍摄，力求获取更多的武汉市区域的遥感影像。

在“火神山”和“雷神山”医院建造期间，欧比特积极参与李德仁院士牵头的卫星监测疫情的重大项目，调动“珠海一号”商业遥感卫星星座对武汉蔡甸区的“火神山”医院与江夏区的“雷神山”医院及周边环境进行监测与定量分析，从规划到施工，再到最终完工，见证了中国建造的力量，见证了人民政府为人民服务的决心。“珠海一号”商业遥感卫星星座亦将这一伟大工程记录在遥感影像中。

“珠海一号”是由珠海欧比特设计、发射并运营的商业遥感卫星星座，是中国首个由民营上市公司设计并运营的卫星星座。“珠海一号”

卫星星座规划由34颗微纳卫星组成，卫星种类包含视频卫星、高光谱卫星、高分光学卫星、雷达卫星、红外卫星等。截至2019年9月，“珠海一号”卫星星座已经有12颗微纳卫星在预定的轨道上运行。

民营企业也能设计并发射卫星？欧比特的创始人颜军为何要设计卫星星座并进入一个全新的卫星大数据领域？在“珠海一号”卫星星座研制发射的背后有哪些鲜为人知的故事？让我们把时间倒回到2019年9月19日，从“珠海一号”卫星星座的第三次成功发射开始讲起。

“珠海一号”03组卫星发射现场

“5、4、3、2、1——点火！”

2019年9月19日14时42分，“珠海一号”卫星星座03组卫星在酒泉卫星发射中心由长征十一号遥七固体运载火箭以“一箭五星”方式成功发射升空。5颗卫星进入预定轨道，与在轨的7颗卫星组网，实现12颗卫星在轨运行。

此前，“珠海一号”卫星星座已经完成两组共7颗卫星的发射。

2017年6月15日首发“珠海一号”卫星星座01组2颗视频卫星，揭开了我国民营上市企业发射和运营卫星星座的序幕；2018年4月26日发射的02组5颗卫星（4颗高光谱卫星，1颗视频卫星），实现了国内首次高光谱卫星组网运行。

“珠海一号”卫星星座是由中国民营上市企业——欧比特投资运营的卫星星座。之所以把卫星命名为“珠海一号”，是因为公司的发展得益于珠海的支持。欧比特的董事长颜军表示，他想用这种独特的命名方式，表达自己内心深处对珠海人民的一片感激之情，为珠海打造一张响亮的城市名片。

2000年，颜军踏上珠海这片热土。从此在珠海开始星辰大海的征途，见证了珠海魅力发展的每一个时刻。

二十年前，38岁的颜军初到珠海创办欧比特。此前，他已经在海外留学工作了十二年。在国外的时光，颜军潜心嵌入式智能控制技术的研究，出版了关于模糊控制技术的著作。在珠海，颜军的技术研究成果得以应用和延伸，从控制领域到芯片技术，不断创新发展。

二十年来，在颜军的带领下，欧比特公司的很多产品早已进入型号应用，并在太空中翱翔。欧比特公司，从2000年创立以来，结合市场的需求，实现了一个个既定的发展目标，业务板块逐渐清晰扩大，由芯片设计制造向卫星运营及卫星大数据应用不断发展，如今已经成长为国内技术领先的芯片设计和卫星星座及数据独立运营的公司。

“珠海一号”卫星星座从一颗颗卫星设计研制开始，已发展到当前完成12颗卫星组网运行，颜军的每一段成长历程也像是“珠海一号”一颗颗腾空入轨的卫星。

颜军毕业于哈工大，留校之后继续读研究生。在读研期间，颜军参与由李国伟导师主持的“数控纤维缠绕机”重大课题研究，在哈工大这个国内一流的学府，颜军受到了规范的研发能力训练。

在此期间，他还了解了许多为中国航天事业默默奉献的前辈为国争光、为国奋斗、为国奉献的事迹，这其中有德高望重的院士专家、有博学的科研泰斗、有意志坚定的校友。他们为祖国繁荣富强、为科技发展奉献青春乃至一生，这些科研工作者的精神令他敬佩。在完成研究生学业后，颜军有幸投身于中国航天事业，在北京航天三院8359研究所工作。

航天是一个充满神秘色彩的事业，选择了航天事业，就是选择了一条荆棘密布、充满艰辛坎坷的路，就是选择了埋头苦干、终生奋斗。因为在航天人默默奉献的背后，是来自祖国的召唤，是来自民族的期待，是来自世界的瞩目！

在海外学习的岁月里，颜军涉足了嵌入式智能控制系统领域，精研模糊控制技术及嵌入式高可靠计算机平台技术，为变结构、变参数、不完整系统、不完整推理条件的复杂控制系统的控制提供优化方案。在不断设计高可靠计算机平台系统的过程中，颜军意识到，高可靠高性能宇航处理器芯片，尤其是片上系统（SOC），是世界上任何一个航天大国发展航天事业都需要的核心技术。

在回国创业初期，颜军意识到高可靠高性能处理器SOC芯片在国内仍处于空白，而航空航天对于国产化的宇航处理器SOC芯片需求强烈，国家有关部门也在号召实现自主可控SOC芯片国产化。

不忘初心，牢记使命。

2003年，国内第一块嵌入式SPARC V8处理器SOC芯片在欧比特诞生，从S698系列宇航芯片的自主化设计入手，欧比特开辟并掌握了SPARC V8处理器SOC芯片的核心技术。

2008年，欧比特推出了嵌入式多核处理器芯片产品，确立了宇航SOC芯片发展的技术路线，创新了片上系统IP设计的方法及宇航SOC芯片设计技术，其宇航SOC芯片设计具有自主知识产权，产品性能指标达到并部分超过国际同类产品，为宇航SOC芯片国产化的创新发展开辟了道路。

2010年2月11日，欧比特成功在中国创业板挂牌上市，成为首家登陆创业板的IC设计公司。

2017年，欧比特首发“珠海一号”卫星星座01组两颗视频卫星（OVS-1A，OVS-1B），揭开了我国民营上市企业发射和运营商业遥感卫星星座的序幕，验证了商业遥感卫星系统及地面系统实现的可行性。

2018年4月26日，“珠海一号”卫星星座02组五颗卫星在酒泉卫星发射中心由长征十一号遥七固体运载火箭以“一箭五星”方式成功发射升空，实现了国内首次高光谱卫星组网运行，可五天覆盖全球一遍，具备了卫星大数据商业服务能力。

2019年，“珠海一号”卫星星座03组卫星在酒泉卫星发射中心由长征十一号遥七固体运载火箭以“一箭五星”方式成功发射升空，提高了高光谱卫星组网运行效率，可2.5天覆盖全球一遍，提升了卫星大数据的商业服务能力。

未来，欧比特将继续发展完善“珠海一号”卫星星座，提高卫星星座的商业服务能力。

欧比特的商业遥感卫星星座，催生了大数据链条最具商业价值的一个产业：卫星大数据。它将更加有效地服务于自然资源、环境生态、交

“珠海一号”03组卫星发射合照

通管理、应急管理、金融保险、智慧城市等领域，从而助力各级政府实现精确决策、精准治理和精细管理。将遥感数据带进千家万户，可使万千百姓真切地享受到卫星所带来的便利！

对于通信卫星来讲，未来可以采用低轨通信卫星星座，解决陆地基站建设成本高、受地形影响大的问题。无论是山地还是海上，都能够享有平原城市同样的网络覆盖，且网络成本也将大大降低。

或许在不远的将来，每个人都可以在太空中拥有一颗属于自己的卫星。届时，当我们仰望星空的时候，能看到来自浩瀚太空更高清的“巨图”，而遥远的太空中，总有一颗“星”与你相伴相随。

赵天云

2020年5月16日于深圳前海

夜空中最亮的星

在写本书之前，我从来没有真正地接触过商业航天企业，对于这个让我仰视而又陌生的高科技行业，我心怀敬畏。当哈工大出版社的李艳文副社长向我介绍欧比特，谈到欧比特的创始人颜军时，她对校友的那种自豪感和赞赏溢于言表。

未见其人，先闻其名。我脑海中开始勾勒出颜军与欧比特的画面：

中国第一家研发出SPARC V8架构 SOC芯片的公司；

中国第一家运营遥感卫星星座的上市企业；

国家特聘专家；

国务院特殊津贴专家；

……

带着对科学家的敬仰，我来到珠海这个美丽的沿海城市，走进了坐落在高新区唐家东岸白沙路的欧比特科技园区。

珠海欧比特科技园区

颜军说，他觉得自己很幸运。但我认为，幸运不过是强者的谦辞。幸运只是为那些敢于追逐梦想、坚定不移、发奋图强的人准备的，只有足够努力的人，才能获得所谓的幸运。

颜军能带领欧比特使“珠海一号”卫星星座升空，不是偶然和幸运，而是必然。这和他多年朝着商业航天的梦想而不懈努力，以及不断研发出先进的技术产品是分不开的。

欧比特的英文名称为Orbita，是“轨道”的意思。颜军从成立欧比特开始，就可能在预想着欧比特的一条金光闪闪的轨道。

欧比特的发展是从SOC芯片设计到微系统立体封装设计生产，再到AI处理技术、商业遥感卫星星座设计、发射运营卫星星座、卫星大数据的产业发展等。颜军成竹在胸、有备而来，“珠海一号”卫星星座发射运行，是欧比特日积月累、水到渠成的结果。

2017年6月15日这一天，欧比特首次将“珠海一号”卫星星座的01组卫星升空。

这一天，对中国来说意义非凡。因为“珠海一号”卫星星座是我国第一个由民营上市企业投资并运营的商业遥感微纳卫星星座，是中国商业航天迈出的重要一步！

这一天，对欧比特来说意义重大。因为这是公司第一次发射并运营商用卫星，是商业航天探索的开始！

这一天，对颜军来说意义深远。在“珠海一号”卫星星座01组卫星发射之前，他已经在航天事业的征途上奋斗了三十多年！

当“珠海一号”卫星星座01组卫星进入太空后，各种赞誉和祝贺扑面而来。面对赞赏，颜军仍然谦逊温和、波澜不惊：“这是我们卫星技术专家委员会把关指导得好！我们同事认真负责工作得好！我们合作伙伴配合得好！这绝不是个人的功劳，而是一个集体、一个企业、一个行业，乃至一个国家共同为商业航天事业做出努力的结果！”

在“欧比特人”的眼中，作为董事长的颜军思维非常敏捷，是一个特别勤奋的人，是工作狂，是特殊材质做成的“超人”。

欧比特的员工这样描述他：“他的大脑就像一个精准的‘备忘录’，对于公司的研发任务及生产计划他都心中有数，什么时间节点应当做什么工作，每项工作具体是哪个部门负责，他都能准确地说出来。有些重大关键项目，他总会及时了解进展：项目进展到什么阶段了？是否顺利？有无需解决的问题？技术研发上，只要有他在，大家就干劲十足。”

公司的总经理颜志宇说，董事长特别勤奋，像卫星似的昼夜不停地运转，不知疲惫；也只有出差在飞机上，董事长才能真正地关掉手机。

董事长的精力特别充沛！这是“欧比特人”的共识。

颜军三十几年来奋战于商业航天事业，直到现在他依然保持着旺盛的精力，忙起来的时候，经常工作到凌晨两三点。即便有时出差，回到珠海的第一个落脚点仍然是办公室。

强将手下无弱兵。公司常务副总经理蒋晓华现在负责卫星设计及研制工程，他于2002年进入欧比特。此前蒋晓华是做嵌入式实时控制系统设计的，后期转入嵌入式芯片设计并负责技术研发部的工作。他记得，公司初创的几年，他当时和二十多名程序员每天工作热情高涨，对自己研制的产品充满信心和期待，当时研制的产品比较多，与客户对接和磨合较多。后来，蒋晓华带领技术部专注嵌入式处理器芯片的设计和研制，重点瞄准高集成度、高性能、高制程工艺的高端处理器芯片的设计研制，其成本基本在千万元以上。那时，他感到责任重大，生怕技术上一个小小的疏忽，导致功亏一篑。但他很幸运，多个高端芯片都是如期出自他的团队。

2014年欧比特启动卫星空间信息平台建设战略时，需要有人来负责卫星设计和制造工程，蒋晓华被任命为卫星工程的负责人。作为卫星工程负责人，需要与多方的合作单位协调。工作紧张的时候，蒋晓华有时候一天时间要飞三个城市。

卫星升空后，蒋晓华更是马不停蹄，仅在2018年就飞行七十六趟，在外出差较多。他的儿子如今十三岁了，以前还经常问：“爸爸什么时候回来？”现在儿子从来不问了，因为知道爸爸不是在出差，就是在出差的路上。

“我们的工作性质就是这样，卫星发射前，要对卫星系统研制的各环节进行把关；卫星发射后，要对每颗在轨卫星的运营控制把关！”蒋晓华说。

商业遥感卫星发射运营是一个高风险行业，只要卫星不入轨正常运行，就有很多不可预测性。从商业遥感的商业模式确定到系统设计，再到卫星设计、研制，最后到发射，这个过程如果前期准备充分顺利的话，也要一年多的时间；准备不充分的话，可能需要好几年的时间。

每个人都顶着巨大的压力，犹如泰山压顶。因为每一颗卫星的制造成本高达几千万，还需要很多合作方的共同协作才能完成。万一卫星发射失败或卫星在轨失效，这颗卫星就报废了，前期所有付出的时间和成本就会付诸东流。所以，这些压力是“欧比特人”必须要承受的。

负责宇航电子技术部的副总经理龚永红2006年到欧比特工作。那时为了研发高端芯片，他和团队经常披星戴月地加班。

还有很多为此付出努力的“欧比特人”，他们用特别能吃苦、特别能战斗、特别能奉献的“航天精神”让梦想变成了现实，使“珠海一号”卫星星座升空。

颜军说欧比特公司很幸运，在提出卫星空间信息平台发展战略、启动卫星星座及卫星大数据规划之初，就得到了王家耀、李德仁、郭仁忠、谭树森等行业内著名的院士率领的技术专家委员会的厚爱和支持。从遥感卫星星座布局、卫星技术设计，到卫星数据处理、卫星数据应用，以院士为首的技术专家委员会倾力把关和指导，使得欧比特商业遥感卫星之发展避免了走弯路！卫星星座设计是个很大的挑战，需要多少轨道、每个轨道上布局多少卫星、轨道面的夹角、遥感卫星技术指标设计等，都需要仔细考量，这是一个复杂的系统设计，耗时耗力。有一段时间，潘申林、蒋晓华等人几乎天天在技术研讨会议上，为了卫星星座的运行效率、卫星服务能力等指标的优化集思广益、不停探讨。

在“珠海一号”卫星星座建设过程中，欧比特承担了卫星系统和地面系统的总体设计及地面系统的建设工作。为了赶进度，卫星设计制造就分了几大系统：卫星平台、数传系统和有效载荷，有效载荷包括高光谱相机和视频相机系统。01组卫星是视频卫星，欧比特公司就把主要任务委托给了东方红卫星公司。东方红卫星公司是我国微小卫星技术的发源地，也是我国小卫星型号任务的主要承担者。东方红卫星公司在完成繁重的科研任务之余，专门抽出团队和时间，圆满完成了01组遥感卫星的研制，协调01组卫星的发射和测控，倾力支持欧比特的商业遥感卫星产业的发展。东方红卫星公司领导和专家们的兄弟情义、专业操守和敬业精神令人佩服！正是东方红卫星公司的大力支持，使得欧比特坚定了快速发展商业遥感卫星产业的决心。

从02组遥感卫星开始，为抢工程进度，在专家委员会的把关下，欧比特采取了“总体设计、系统把关、成本控制、接口明确、分工合作”的商业航天工程理念，把卫星平台交给了哈工大卫星所曹喜滨院士和王峰教授；有效载荷委托给了长光所金光老师和刘春雨博士；数传系统的研制托付给了航天704所；卫星发射委托给了中国航天科技集团一院长征十一号运载火箭团队……在这个过程中有很多环节，除了商业航天所固有的成本控制特色，每个环节的质量控制极其苛刻。这是个艰巨的挑战！

航天704所合作方负责卫星数传系统产品设计，因为高光谱数传解压技术挑战性比较强，需与欧比特公司技术人员联调；派到珠海的工程师几乎连续几个月都在为数传系统核心软件设计和调试而废寝忘食地工作，甚至忘了节假日的存在。在卫星系统集成和联调过程中，公司潘申林总师经常驻守在哈工大卫星研究所的车间里，他精益求精的态度，感动着每一位参与系统集成的专家。在卫星联调过程中，在珠海总部几乎看不到他的身影……所有这些付出，充分体现了航天人的拼搏精神!

“珠海一号”卫星星座的背后，是一群用航天精神严格要求自己的人！他们就像闪烁在夜空中的无数颗星星，每个人都竭尽全力散发出自己最亮的光芒去照亮夜空。“珠海一号”卫星星座一次次的成功发射，令所有为此付出努力的人振奋而骄傲，所有的艰辛和汗水都是值得的！每当夜深人静大家仰望星空的时候，他们可以指着浩瀚夜空自豪地说：“瞧，那颗最亮的星，是‘欧比特之星’。”

而这颗在颜军心中最亮的“星”，将永不泯灭，指引着无数航天人不断奋勇向前!

目　录

11 守护珠海，绿水青山就是金山银山

“绿水青山一张图”是基于遥感卫星大数据、人工智能及智慧政务为一体的服务平台。这个平台瞄准自然资源、生态环保、应急管理、海洋监测、智慧城市、交通管理等应用领域，利用高精度、准实时、高光谱数据，提供地理时空大数据服务，满足人民日益增长的美好生活需要。

12 国资入主，欧比特迎来新时代

2019年11月22日，“格力金投”入主欧比特。国资入主，将会使公司运营更加规范，发展更加长远。

13 感恩祖国，我的“中国芯”

在中国航天发展的历史长河中，有很多可歌可泣的英雄人物，有很多创造出辉煌成果的先行者，还有很多默默奉献的无名英雄。对颜军来说，他的旅程就是一个中国航天人逐梦商业航天的旅程。而这一切只源于三个朴素的大字：“我热爱！”

后　记

1

『珠海一号』卫星星座进入太空

当10秒倒数数到1的时候，随着酒泉卫星发射中心现场传来一声“点火”，只见“珠海一号”商业遥感卫星星座首发的两颗视频微纳卫星，搭载长征四号乙运载火箭腾空而起。这是中国民营商业航天公司卧薪尝胆的第一次探索。

升空时刻

“10、9、8、7、6、5……”当最后10秒数到1的时候，随着酒泉卫星发射中心现场传来一声“点火！”，颜军和在现场观摩发射的两百多人，看着火箭拖着红红的火焰冉冉升起，耳边突然传来惊天动地的轰鸣声，在热切的目光中，只见“珠海一号”卫星星座首发的

2017年6月15日，“珠海一号”01组两颗卫星发射

两颗视频微纳卫星，搭载长征四号乙运载火箭腾空而起。火箭不断升空，在高空优美地调姿飞行……现场的人们不约而同地发出欢呼声，每个人都目不转睛地盯着长征火箭消失在蓝蓝的天空中，火箭留下的那一道优美的弧线慢慢散去……

这是欧比特第一次将01组遥感卫星送入太空，用于验证卫星空间信息平台和地面系统设计的理念是否可行，也是中国民营上市公司第一次探索太空。

此时此刻，作为欧比特董事长的颜军，比任何人都感到肩上的担子重大，因为他承载了太多的期待和希望。那一双双为“珠海一号”熬红的双眼；那些为“珠海一号”付出心血的合作方；还有政府对“珠海一号”那充满期盼的目光……

身在现场的颜军，即使努力克制自己内心的紧张，却依然控制不住心跳加速。当他接到蒋晓华的电话：“卫星正常入轨，接收到信号了。”颜军的心情才平静下来，高兴地与身旁的同事说：“真不容易呀，终于顺利入轨了。”

此刻颜军的内心一定是欢呼雀跃的!

这次随颜军到酒泉发射基地现场的有四十多人。这其中，有欧比特的员工，有卫星应用合作方、珠海政府官员和专家学者等。当大家得知“珠海一号”卫星星座01组卫星顺利入轨后，有的迫不及待地发朋友圈，有的打电话通知好友，大家都为“珠海一号”卫星星座的发射成功而高兴。

远在千里之外的珠海欧比特员工们得知“珠海一号”卫星星座的首批两颗卫星顺利入轨后，忍不住欢呼道：“成功了！发射成功了！我们的卫星发射成功了！”整个欧比特科技园区都洋溢着激动和幸福的气氛，甚至连空气中都充满了喜庆的味道，大家一遍又一遍地观看卫星发射的视频。欧比特全体员工的自豪、振奋、激动之情无以言表。

让我们记住这一时刻：2017年6月15日上午11时。

颜军的那一句“真不容易呀！”饱含了多少欧比特人和航天人的艰辛和努力！

让我们重温一下中国航天事业那激动人心的时刻。

2003年10月15日9点整，也是在酒泉卫星发射中心，随着倒计时的终结，在巨大的轰鸣声中，承载着中国人几千年来飞天梦想的“神舟”五号飞船发射升空。10分钟之后，飞船与火箭分离，进入预定轨道。按照预定计划，“神舟”五号将在太空飞行21小时后返回地球。

这是中国第一次发射载人飞船，没有人知道或预料到航天员杨利伟在太空中会发生什么。当飞船上升3分20秒时，光线透过舷窗照进飞船，刺眼的阳光让杨利伟忍不住眨了一下眼睛。这一刻，地面指挥大厅有人忍不住大喊：“快看啊，他眨眼了，利伟还活着！”所有人鼓起掌来。按照预定计划，杨利伟第一次向地面报告：“‘神舟’五号报告，整流罩打开正常！”听到杨利伟清晰的话语，不少白发苍苍的老专家，此刻盯着大屏幕里的画面喜极而泣……

要知道，为了这一刻，中国载人航天工程的所有工作人员已经奋战了整整11年！如果追溯到运载火箭与卫星返回技术等一系列配套技术的研发，中国为之奋斗已经长达半个多世纪。

当“珠海一号”卫星星座的首批两颗卫星于2017年6月15日顺利入轨，翱翔于浩瀚的太空，颜军或许有着更深刻的感受吧。

为了这一天，颜军和欧比特人已经一起奋战了整整3年！

这一天，欧比特揭开了我国民营上市企业发射和运营商业卫星星座的序幕，中国商业航天的队伍里增添了一名“新兵”，中国商业遥感的舞台上来了一个生龙活虎的探索者……

“珠海一号”卫星星座的使命

太空中的每一个卫星星座都有它的伟大使命。

“珠海一号”商业遥感卫星星座是欧比特规划的由三十四颗遥感卫星组成的项目，包括视频卫星、高光谱卫星、雷达卫星、高分光学卫星和红外卫星，卫星组网后，将实现对特定地区每天不低于八次重访。

“珠海一号”卫星星座首批两颗卫星在2017年6月15日的首次成功发射，为星座建设、系统验证迎来一个良好的开端，也更增强了欧比特人的自豪感和凝聚力，更坚定了欧比特人攻克技术难关，完成“珠海一号”卫星星座卫星组网建设的信念。

2018年4月26日，欧比特再次发射的“珠海一号”卫星星座02组五颗卫星（四颗高光谱卫星，一颗视频卫星），实现了国内首次四颗高光谱卫星组网运行；2019年9月19日，“珠海一号”卫星星座03组卫星在酒泉卫星发射中心由长征

2018年4月26日，“珠海一号”02组五颗卫星发射

十一号遥七固体运载火箭以“一箭五星”方式成功发射升空，五颗卫星进入预定轨道，与在轨的七颗卫星组网，实现十二颗卫星在轨组网运行！

2019年9月19日，“珠海一号”03组五颗卫星发射

三次发射，三次成功入轨。作为“珠海一号”卫星星座发射现场的副总指挥，颜军每一次都不由自主地感到担心，他甚至都能听到自己怦怦的强劲心跳声。其实，他知道这样的担心是多余的。因为“珠海一号”

卫星星座的卫星平台研制来自他的母校—— 哈尔滨工业大学，火箭是由中国航天科技集团所属中国运载火箭技术研究院研制的我们国家的金牌运载火箭—— 长征十一号固体运载火箭！它们都非常专业，有充分的技术保障。

但作为欧比特的董事长，作为“珠海一号”卫星星座的总设计师，卫星研制和发射投入了大量的经费和人力、物力，也承载了很多人的期待，他一定要确保每一颗卫星都成功发射和正常运行。

每颗卫星都有自己的任务，每个企业都有担负的责任，每个人有不同的使命。

在商业航天的路上，颜军的使命就是：打造功能强大的“珠海一号”卫星星座，为政府、行业和个人提供高效全面的定量遥感服务。

如今，为了这个使命，颜军依然在奋战。就拿卫星业务来说，他认为自己才刚刚走出了第一步。等到“珠海一号”卫星星座的所有卫星都按期布局完毕，让每个地方政府、每个行业、每个老百姓，都能用上欧比特的卫星大数据的时候，颜军才能感觉不辱使命。

值得一提的是，“珠海一号”卫星星座在轨的八颗高光谱卫星是目前全球空间分辨率最高、幅宽最大的高光谱卫星。两轨八颗高光谱卫星，是全球高光谱卫星家族的重要成员，填补了中国商业航天高光谱领域的空白。八颗卫星协同工作，平均每2.5天就可以覆盖全球一次，特定区域可一天重访，大幅提

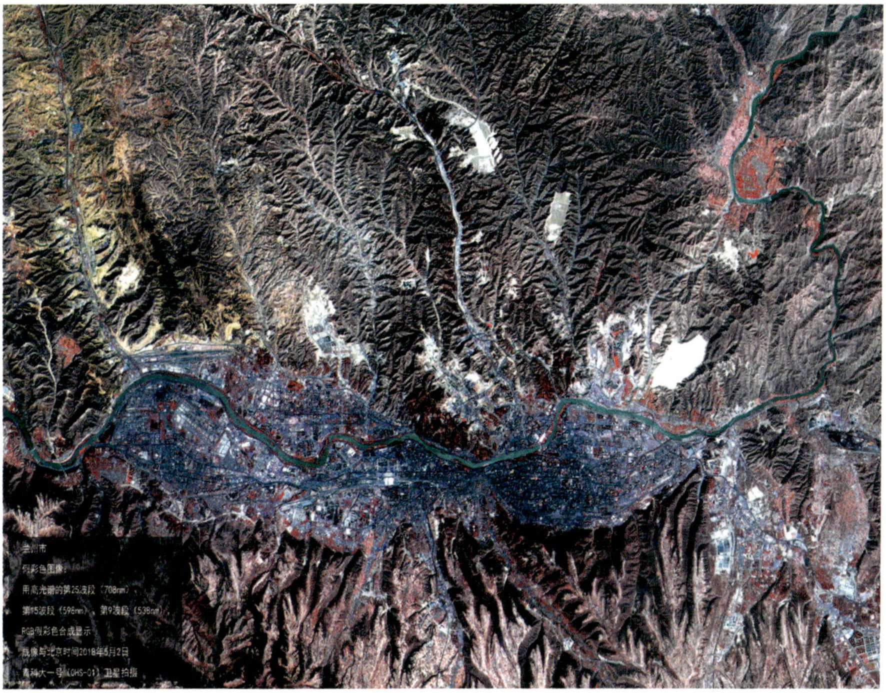

高光谱卫星影像（假彩色）

高了我国的高光谱对地观测能力。这也让欧比特成为全球拥有高光谱卫星在轨数量最多、高光谱卫星数据服务能力最强的民营企业。

而2019年9月19日发射的四颗高光谱卫星，空间分辨率为10 m，幅宽150 km，光谱分辨率为2.5 nm，具有256个波段，这样的指标放在国际上也是遥遥领先。欧比特目前在轨的高光谱卫星，波谱范围只有400～1 000 nm，后续的两颗高光谱卫星还计划扩展到1 000～5 000 nm，从近红外延伸到中红外波段，这将使其应用范围更加广泛。

“珠海一号”卫星星座的重任在于：首先，提供市场短缺的高光谱卫星数据；其二，在技术及产业上有所创新；其三，推动卫星大数据的产业化发展。

“珠海一号”卫星星座在技术及产业上创新地进行高光谱卫星及卫星地面系统优化设计，使卫星星座具备较高的空间、时间及光谱分辨率，提高了商业卫星大数据采集及应用服务水平，推动了我国商业定量遥感及卫星大数据产业的发展。

颜军说，2014年是中国商业航天的起步之年，从这一年开始国家陆续出台了一系列政策措施大力支持商业航天的发展，政府和市场形成了良好的互动。

这一年的11月，国务院印发《国务院关于创新重点领域投融资机制鼓励社会投资的指导意见》，并提出“鼓励民间资本参与国家民用空间基础设施建设”，商业航天在中国正式破冰启航。而在此之前，由民营企业来发射卫星是他们想都不敢想的事情。

正是在这样的机遇下，欧比特在2014年启动了商业遥感卫星星座及卫星大数据业务，让颜军有了大展拳脚的机遇。

“珠海一号”卫星星座的卫星三批都是在酒泉卫星发射中心成功发射的。酒泉卫星发射中心是一个有61年组建历史的国家航天发射场，现在也对民营商业航天企业开放。这里2019年还首次发射了由我国一家民营企业自主研发的运载火箭，这样的开放本身就是国家对民营企业在商业航天领域发展的巨大支持！

从2017年“珠海一号”卫星星座首次发射到现在，酒泉卫星发射中心从人力、技术、设施等方方面面给予欧比特很大的支持，而基地在各个方面的先进测控条件也是欧比特卫星能够顺利发射升空的重要保障。

据了解，在短短五年左右的时间，国内已有180多家商业航天公司，涉及火箭研制、卫星制造、卫星应用等领域。中国的商业航天发展速度之快，对推动我国航天科技进步、促进经济高质量发展、满足人民美好生活需要都起着十分重要的作用。

“珠海一号”卫星星座的十二颗卫星能够顺利进入太空，仅凭颜军和欧比特的力量是根本不可能实现的。除了来自国家对民营商业航天企业的支持，来自酒泉卫星发射中心专家们的严格把关、精心测控，来自长征系列金牌固体运载火箭的可靠性能，还有在颜军和欧比特背后，那支来自各方的强大的卫星技术团队，他们是“珠海一号”卫星星座的幕后英雄。

致敬航天人

如果把欧比特比喻成一根“线”，那么所有参与“珠海一号”卫星星座项目的人就像是一颗颗闪烁的珍珠，把珍珠串在这根“线”上，就变成了一条璀璨夺目的珍珠项链。

2014年，欧比特公司组建了“卫星技术专家委员会”。组建初期，由行业内的五位“大家”组成，他们分别是：王家耀院士、李德仁院士、杨元喜院士、谭树森院士和郭仁忠院士。后期，蒋兴伟院士、刘先林院士、曹喜滨院士也陆续加入到卫星技术专家委员会。

2015年，欧比特公司先后提交了“珠海一号”卫星星座及地面系统的详细技术设计方案，对各类卫星技术指标进行了设计论证，并提出了卫星技术设计指标、地面系统设计指标和建设规模设计，分别通过了卫星技术专家委员会的评审和肯定。

在地面系统及卫星技术指标体系论证过程中，欧比特公司邀请了行业内的行家参与论证。先后参与论证的有：中国航天科技集团公司一院12所；中国航天科技集团公司八院509所、804所、803所、811所、805所；中国东方红卫星股份有限公司（简称中国卫星）；哈工大卫星技术研究所（简称哈工大卫星所）；中国科学院长春光学精密机械与物理研究所（简称长光所）；中国航天科技集团公司九院704所（简称航天科技704所）；中国航天科技集团公司五院504所；武汉大学；中国电子科技集团公司第五十四研究所（简称中电54所）；中国航天三江集团有限公司等。

这让颜军更加感觉到，卫星这个产业是一个需要集体智慧的工程。他仍然清楚地记得参与“珠海一号”卫星星座建设和研制的各个团队：

在技术上，欧比特与哈工大卫星所、长光所、航天科技704所、武汉大学等紧密合作，创新设计了自主轨位保持技术，自主保持“珠海一号”卫星星座构形在轨。

01组卫星总体、平台及AIT团队——中国卫星：张晓敏、施思寒……他们都是国家的栋梁，工作经验丰富、知识渊博，是敢于挑战自我的科学家；

02组03组卫星总体、平台及AIT团队——哈工大卫星所：曹喜滨、孔宪仁、王峰、叶水驰、耿云海、林晓辉、李化义、陈健、陈雪芹、李晖、邱实、郭金生、吴凡……他们当中有的是颜军的同学、校友，有的是年轻的科学家，敢于挑战自我，有知识有智慧，还有着丰富的工程经验；

02组03组卫星相机研制团队——长光所：金光、刘春雨、曲宏松、杨秀彬、刘帅、冯汝鹏、郑亮亮、解鹏……他们拿出了一个个优异的产品，是令人敬佩的科学家；

02组03组卫星数传研制——航天科技704所：李凉海、郑戈、王冬冬、胡剑平、李澎……他们做事认真细致、确保万无一失，是我国的航天专家和科学家；

卫星地面数据处理系统——武汉大学：张过、蒋永华、李立涛、汪韬阳……他们是充满想象力、敢于探索、充满活力的教授和科学家；

卫星地面运控系统——中电54所：颜博、林晓勇、张瑞、张琦、张科……他们工程经验丰富，是一群知识面宽、不畏困苦的专家和工程师；

计划中的01组卫星由两颗视频卫星组成，卫星平台及整星测试由中国卫星承担；地面系统由欧比特公司设计建设。2016年，01组两颗遥感微纳卫星，经过无数次的设计修改及测试后，终于研制成功。

然而，好事多磨，01组卫星并没有顺利发射。因运载火箭的研制周期拖后了，导致发射时间变动，需要延期一年。颜军和欧比特的卫星团队又等了整整一年。

王家耀院士指导工作

蒋兴伟院士指导工作

随着“珠海一号”卫星星座及卫星大数据在各个领域的应用需求，欧比特又邀请了刘先林院士、蒋兴伟院士、曹喜滨院士加入。参与卫星技术专家委员会的还有十二人，包括唐新明、李伟健、陈楚群、张过、陈劲松、张志媛、胡胜华等知名的教授学者。

每次卫星发射前，颜军和同事们一定会去酒泉发射中心的东风革命烈士陵园向英雄们献花致敬。在这个庄严的烈士陵园中，长眠着760多位为中国航天事业做出过巨大贡献的英灵。

航天英雄们，我们向你们致敬！

“你们干了一件了不起的事”

1969年7月16日早晨9点32分，阿波罗11号飞船以24 245英里/时的速度，脱离地球大气层向25万英里外的月球前进。阿姆斯特朗在7月20日下午4时17分42秒，伸出左脚小心翼翼地踏上了月球表面，这是人类第一次踏上月球。

登月第一人阿姆斯特朗的一句“我个人的一小步，人类的一大步”的名言，展现了航天技术给人类社会带来的巨大进步。

或许有一天，也许是50年、100年之后，人类真的可以移民到月球或火星。就像刘慈欣在《三体》中写道：“天空中看不到嫦娥探测器正在飞向的月亮，但有无数颗星星，只要人类怀抱着飞向太空的伟大梦想，每一颗星星都将是一个未来的惊喜。”

1957年10月4日，苏联成功发射世界首颗人造卫星。紧随其后，美国于1958年1月31日将“探险者一号”卫星送上太空。1958年初，中国科学家竺可桢、钱学森、赵九章联名向中央上书，建议开展中国的人造卫星研究。1958年7~8月间，中国科学院成立“581组”，组织协调卫星和火箭探测任务，组长为钱学森。

1970年4月24日，我国在酒泉卫星发射中心成功发射第一颗人造地球卫星“东方红一号”卫星，成为继苏联、美国、法国、日本之后世界上第五个独立研制并发射人造地球卫星的国家，在全世界引起了轰动，大大提高了中国在世界上的影响力。由此开创了中国航天史的新纪元。

1971年“曙光计划”、1999年“神舟一号”、2003年“神舟五号”首次载人航天、2008年“神舟七号”首次航天员出舱活动、“天宫一号”、“嫦娥四号”、空间站及首个空间实验室……

这一个个梦想的实现让我们相信：只要人类怀抱着飞向太空的伟大梦想，每一个星座都藏着惊喜。

还记得2014年欧比特提出制造遥感卫星时，那时整个太空中的卫星还不到1 800颗，对地观测卫星才只有400多颗。而到了2018年底，对地观测卫星达到771颗，高光谱卫星不到30颗。而整个浩瀚的太空共有2 063颗卫星，中国一家民营宇航企业欧比特就占了12颗！

欧比特高光谱卫星已经走在了世界的前沿。

一位航天领域的专家对颜军说：“你们干了一件了不起的事。”

卫星看似离我们很遥远，但其实卫星大数据的利用早已经渗透进日常生活。据悉，在国外就有公司利用卫星大数据来解决森林火灾问题。有资料显示，在损失惨重的2017年加利福尼亚州（简称加州）山火中，就有一家叫CrowdAI的公司通过卫星数据，利用综合图像视觉技术参与了救援。CrowdAI使用Spacenet和Deepglobe的卫星图像，以及DigitalGlobe和PlanetLabs的数据，训练卷积神经网络，可实现深度学习。只需一秒的时间，就能预测和评估受灾程度，再将评估结果报告给救援指挥中心，帮助科学调配救援资源，制订更科学的救援方案。在加州山火中，从卫星图像中识别出结构后，根据受灾前后的图像对比，AI模型用红点标识出损坏所在的位置。

借助于CrowdAI自定义的深度学习模型，除了标注常规的房屋建筑，还扩大到了独立结构，比如车棚、公用设施棚和谷仓等建筑。

卫星大数据其实是基础性的数据，就和地理信息一样，对于每个行业来说，例如交通、旅游、搜寻等，都需要地理信息。

也许在不远的将来，每个人可以用手机操纵属于自己的卫星，可以进行拍照、遥感、通信等，并获取大量自己需要的卫星大数据。

卫星的轻量化设计也为未来商业航天的低成本、高效率做出了巨大的贡献，在保留功能性的前提下，使得制造和发射成本大大降低。

比如“珠海一号”卫星星座12颗卫星在轨运行后，8颗高光谱卫星每2.5天就可以覆盖全球一次，每年地面站可接收3PB的卫星遥感数据。02及03组卫星，一颗高光谱卫星约重65千克，而卫星上相机载荷仅为7.8千克，却具备百千克级相机拥有的功能！

欧比特的常务副总经理、卫星大数据部负责人蒋晓华介绍，未来欧比特将沿着近红外、远红外，以及微波方向扩展波谱范围，拓宽卫星对地遥感信息数据源。在单颗卫星的工作能力上，探索从150千米幅宽拓展至200千米，甚至300千米，提升卫星工作效率。相机内部采用的多片传感器拼接，一方面有利于减轻相机重量，降低发射成本，另一方面也实现了150千米以上的大幅宽。

太湖高光谱卫星影像

“珠海一号”卫星星座从太空传输到地面的一张张高清“巨图”的背后，是整个空间卫星大数据信息平台的巨大项目建设。这一大项目的主导人颜军，是如何一步一步从“ 芯片”转型到“卫星星座”运营的轨道呢？他又是如何带领团队走向了海量卫星数据应用之路？传统的芯片企业为什么要发射卫星呢？欧比特的“太空梦”起源于哪里？他们是如何突破各项技术难关的？

创业维艰，何况航天！

让我们沿着“珠海一号”卫星星座的轨道，去追寻颜军带着时代印记的成长经历以及他创造欧比特的“星路历程”吧……

2

生于高密，『寻找月亮』的人

1978年十一届三中全会的召开，开启了改革开放的大幕。全国人民满怀希望、充满激情，在各自的岗位上为实现现代化建设而努力。而77、78级的大学生们在极其艰苦、百废待兴的时代环境下发愤图强，立志为祖国建设刻苦学习。

成长在“教师村”

在颜军的微信朋友圈签名栏中写着这样一句英文：“Look for the moon”，意为“寻找月亮”。在他心中，或许一直有着太空梦，这个梦就像天上的月亮一样高远。

追溯颜军的成长历程，可以说，他口中所谓的幸运无不和他从小的成长经历有关。

1962年10月18日，颜军出生在山东高密县名为“颜家太洛”的村庄，这个村里居住着一百多户人家，以“颜”姓家族居多。

据记载，明正统年间，颜回的第六十代子孙颜选、颜道和颜达兄弟三人，是最先落户颜家太洛村庄的颜氏家族的人。

他们选择的居住地的西北对面是一片原始森林，南边河对面是一片绿油油的丘陵，一条潺潺流水的小河将村庄三面环绕，中间是块北高南低的良田。可能是当年兄弟几人在太阳快落山的时候来到这个地方，在河岸看到对岸茂密的森林、天边的落日和彩霞，觉得这个地方太美了，于是，就把这里称为“颜家太洛”。“太洛”可能意味着

“水边村庄”的意思，但现在已经无从考证。

至此，兄弟几个在颜家太洛生息劳作，繁衍后代。随着人口的增多、时间的推移，颜道和颜达兄弟二人的后代先后迁至潍坊昌邑颜家庄和潍坊安丘黄旗堡镇颜家村。到了颜军这一代，已经是颜回第七十八代子孙了。

追根溯源，颜回是孔子最得意的门生，勤奋好学，以德行著称，颜回“不二过”的经典故事更是流传久远。

颜家太洛村人虽不多，但却延续了勤奋好学的传统美德，民风淳朴，人们互敬互爱。在颜军的记忆中，从颜家太洛村走出去的老一代人，大多数都是当教师的。20世纪六七十年代，高密县教育局局长颜廷本老师就出自颜家太洛村，颜军的父亲颜世纪也是一位教师。颜家太洛村可算得上是“教师村”，这是这个山村的一大特色。

父亲颜世纪弟兄四个，他排行老三。颜军父亲和其二大爷考上师范后都当了老师。在颜军的心中，父辈是榜样。

颜世纪年轻时一直在外县当教师，几个月能回一次家。20世纪60年代中后期，颜世纪被调回高密县，在祝家庄中学做校长，就可以每个星期回家一次了。颜世纪很少说起过去生活的艰辛，在孩子们面前言语不多，从不抱怨，传递给孩子们的都是正能量。颜军在家排行第三，有两个哥哥和一个弟弟，母亲在家务农。

父亲颜世纪不管是在单位还是在村里，都是令人尊敬的。他的人生信条就是教书育人，他基本上以单位为家，工作认真，一生中培养了许多有成就的学生。离开讲台多年，他还可以记得好多学生的名字。

虽然颜世纪吃过很多苦，但是性格乐观豁达，乐于助人。颜军有一次听父亲聊起他年轻时在五莲县当老师的日子，令颜军很感慨。

颜世纪参加工作的第一年，在学校放寒假后，需要把被子背回家去浆洗。那个时候颜世纪年轻，参加工作后可能也没太多积蓄，加上家庭负担重，就背着被子徒步100多公里回家，计划走两天。结果，第二天走过一多半路时下起了雪。颜世纪后背上的被子早就被身上的汗水打湿，加上落雪被风一吹，被子几乎成为冰块，愈走愈沉，他硬是咬着牙一路走回了家。

颜军每当想起父亲那一代人所吃的苦，想起父亲当年在困难面前积极乐观的心态，就觉得没有什么困难能够比父亲那一代面对的困难更大。父亲的这些品质无形中对颜军产生了深远的影响。

父亲，在颜军心中永远是最伟大的。

2019年7月在父亲90岁生日的时候，颜军特意回到家乡高密去为父亲祝寿，并把国家奖励给他的“国务院特殊津贴”包成大红包给了父亲：“爸，这是国务院发的津贴钱，给您拿去买点营养品，保重身体。”

颜军要让父亲感受到政府的关心，感受到儿子的孝心，因为颜军明白，父亲最骄傲、自豪、开心的就是看到孩子们能为国家做贡献。

父亲时常教导颜军兄弟四个：“不管你们干啥行业，都要与人为善，要肯吃苦，要为老百姓办好事，为社会、为国家做贡献。”

颜军说：“父亲值得我们学习，他们那一代物资非常匮乏，条件艰苦，但是父亲积极乐观、吃苦耐劳，对工作认真负责，助人为乐。如今已经90岁高龄依然每天读书、听新闻、了解社会，保持着年轻的心态。”

颜家四兄弟都是靠自己一步一个脚印干出来的，在各自的岗位上努力工作，他们秉承父亲的教诲，努力去做一个对社会有用的人。

非常幸运的是，在那个年代，高密县很注重教育资源的配置，在比较大的村庄都设有学校。当时颜家太洛村设有小学和初中，那里有大批知识渊博的老师，在校学生也很多。颜军从小学到初中，一直都是在村里的学校读书。

这个村庄风景秀丽、民风淳朴，村子里不仅有从事教育的老师，也有从战场归来的老兵，还有工人和干部。在田间地头，在农闲的日子，在满天繁星的夜晚，他们的讲述和谆谆教导，为村里的孩子们打开了认识外面世界的天窗。

所以说，颜军的成长，不仅来自父亲一辈的教导，更来自村庄里善良的村民和智者的引导。村庄美好的环境、快乐的童年、学校老师们的教导，这些点点滴滴的积累，造就了一个人的性格。哪怕是到了现在，颜军的业余爱好仍然是读历史书、做高等数学题，学习对颜军来说是一件幸福快乐的事。

热血少年的英雄情结

小学时代的颜军有许多玩伴,聚在一起热闹非凡。每到夏天，小伙伴们就喜欢泡在河里嬉戏，特别是多雨的时候，也是小伙伴们最开心的时候。因为高涨的水面、湍急的水流可以让孩子们在河面上随波漂浮，不费力气就可以漂浮到河对岸。

小伙伴们偶尔也会趁大人们不注意，偷偷地抱着一个西瓜游回来，展现自己的游泳本领。颜军从小在河边长大，游泳直到今天仍然是他感兴趣的运动。

在颜军的记忆中，村西北河对面的原始森林非常神秘。日落西山时，站在河岸上看落霞，会发现这片森林有时会冒出一缕缕“仙气”，有时会把霞光反射到半空中的云朵上。

听大人们讲，20世纪四五十年代，森林里还有野兽；加上村里老人讲的神话故事、各种传说，使得这片原始森林更加充满神秘色彩，小朋友从来不敢独自去森林玩耍。

童年过得飞快，小伙伴们很快就到了上学的年龄。上学第一天，颜军是光着膀子走进教室的。因为天气炎热，经常游泳，村里的男孩子们大都不穿上衣。男孩子们雄赳赳、气昂昂地展露出晒得黝黑的膀子，让老师们忍俊不禁。老师们也大都是村里人，他们生活在村里，非常淳朴。

刚刚上学，什么都新鲜，但同学们对老师有着由衷的敬畏。课堂纪律很好，同学们都是聚精会神地听老师授课。在课堂上难以解释的问题，老师有办法让学生们在实践中理解。颜军的老师在教算术时有一套巧妙的办法。老师让学生们去找芦苇，把芦苇折断成很多小截，每十截芦苇放一堆，放十堆就是一百。就靠这些最简单的方法，颜军和同学们很快就学会了从一数到一百；再用这些芦苇完成加减法，学习对孩子们来说变成非常有趣的事，这也使得孩子们热爱学习。

颜军的青少年时期，处在一个提倡劳动、向工农学习的时代。家在农村，必须完成生产队安排的劳动任务。即便到了现在，在他的脑海里，也不时展现出他从前在学校读书、周日在生产队参加劳动的景象。

识字多了，小伙伴们就渴望吸收更多的知识。那个时候反映革命战争、土地革命等的小说和连环画比较流行，小伙伴们就到处寻找这些书，课余时间或放学后，大家传来传去，如饥似渴地读，还经常讨论书中人物。大家很痴迷《林海雪原》里面的杨子荣、《红灯记》里面的李玉和、《大刀记》里面的梁永生，加上样板戏的影响，这些英雄成了大家的偶像。

读了《西游记》，大家对孙悟空一个筋斗十万八千里、在云彩上飞来飞去印象深刻。但当看到连环画里面的孙悟空站在云海里，云海上面或万里无云，或遍布造型千奇百怪的云，大家一直在争论到底是什么样的。后来，经常出差的颜军，当在飞机上看着云海、望着一望无际的云上蓝天，偶尔会想起当年与小伙伴的争论，也会想：吴承恩当年没乘坐过飞机，写小说时是怎么知道腾云驾雾这个景象的?

记得有一段时间，大家也比较好奇《封神演义》里面的人物，小伙伴们看到连环画里的土行孙在土里钻来钻去、行走如飞，感觉不可思议。看到手上长了一只眼睛的神仙，他的这只眼睛可以看到地下行走的土行孙，感到更加不可思议。当时，好多小伙伴在想，如果我们也有这些本事该多好呀!

后来，当颜军亲手做机器人、利用雷达探测地下管网时，这才意识到，当年的神话并非没有作用，至少可以让年轻人展开想象的翅膀，将想象应用到科技上。小伙伴们当年的渴望，在今天飞速发展的机器人以及其他科技领域，早已实现。

春天的时候，完成生产队安排的任务，小伙伴们会结队去小麦田里捉迷藏，还会寻找藏在小麦田里的鸟窝。看到鸟窝，大家就做个标记。几天过后，再去看时，鸟蛋已经孵化成小鸟。小鸟叽叽地叫，有时小鸟的父母就在附近上空飞来飞去，关心着自己孩子的安危，警惕地看着小伙伴们。快乐兴奋之余，小伙伴们感受到生命是如此神奇!

颜军在这个三面环水的村庄度过了青少年时期，直到1978年，他去哈工大读大学。那是他第一次离开故土，第一次乘坐火车出远门。后来，颜军在海外留学工作，去过不少国家和地区，也走过异国的乡村和城市，但在他心中，没有什么美景能够与父母所在的家乡比拟!他的梦中经常会出现家乡的落霞、麦田、河水!家乡，是他生命中难以割舍的地方。

日有所思、夜有所梦。这可能和颜军从小爱读书，爱遐思有关。

学生时代，他经常一个人站在西河的岸上仰望天空，特别是在太阳快落山的时候，天上的彩云在落霞的照耀下慢慢变成了金红色，整个原始森林都仿佛笼罩在光芒万丈的红霞中，天上的彩霞和波光粼粼的河面交相辉映……

在颜军的眼中，家乡的落霞比世界上任何地方都美。

1976年秋季，颜军离开村里的学校，进入位于公社驻地的高密第九中学（简称九中），开始了高中的学习。1976年入学的学生，是作为第九中学第九级学生入学的。一开始学校安排同学们学农的时间比较多，但是同学们也会抓住各种机会努力学习。

当时国家正在展开大建设，很多地方都缺基建原材料。学校号召大家发扬不怕吃苦、不畏艰险的精神，课余时间来砸石子。同学们都是比着干，看谁砸出的石子多。看到堆成小山的碎石子，同学们感到很有成就感。

学校有农田，需要肥料，同学们主动捡牛粪、马粪。每次上学途中，同学们一个肩膀背着书包，另外一个肩膀背着一个粪筐。大部分同学家离学校有三至五公里的路程，在上学途中，每当看到有马车在前面走，同学们就紧盯着马车，只要看到马翘起尾巴就会寸步不离地跟在马屁股后面。看到地上“新鲜出炉”的马粪，同学们争先恐后去抢，这个场景甚是有趣。

恢复高考，拼命学习

1977年，中国决定恢复中断了10年的高考，同学们开始拼命学习，老师们也督促大家抓紧时间，同学们经常是学习到大半夜才回到宿舍休息。高密九中，当时集聚了一大批有才华的数理化老师，老师们非常有经验，也非常负责任，想尽办法不遗余力地帮助同学们提高再提高，生怕学生们搞不懂、学不会。

1978年初，高密县教育局在全县选拔了一批志愿当老师，同时也愿意参加高考的学生，把他们集合在高密师范学校学习。当年高密县教育局颜廷本局长参加了开学仪式，他鼓励同学们珍惜机会，好好学习，并且安慰大家：“你们好好学习，全力参加高考，争取取得一个好成绩！万一高考失利，县教育局会给你们统一安排工作，当社办老师。”

至今，好多同学都认为当年他办了一件大好事，讲得也非常实在，令同学们宽心。

当时全县选出120多名学生，分了两个班，在高密师范学校驻地集训学习。高密九中也组织了李玉军、杨清照、曾海燕、陈光秀、颜军、李衍文、单联玉等七位同学参加。

同学们吃住都在学校，伙食不错，晚上就睡在学校的大通铺上，每人有个草褥子，防止太潮。父亲曾经到学校看望颜军，怕儿子冷，他当即脱下自己身上的毛衣给颜军穿上。那场景让颜军至今回忆起来都感觉很温暖。

那时候，每位同学都拼命学习。在课堂上，同学们对知识如饥似渴，目不转睛跟随着讲台上的老师，生怕漏掉一个字。大家不知疲倦地抄写老师在黑板上的板书，到了晚上下课后，每位同学都认真整理课堂上的笔记，回顾消化白天学习的知识，遇到不懂的难题就展开讨论。学习氛围非常浓，那热火朝天的学习景象让每位同学都感到时间紧迫。同学们用了四个多月的时间，恶补了高中教材的全部内容。

这120多名在全县选拔出来的很愿意当老师的学生，果然不负众望，有将近100人考上了大学！

高密九中的李玉军、杨清照、颜军、单联玉等同学当年都顺利地考入大学；其他安心在高密九中本部就读的同学，也有部分考入大学或大专。如今，每逢过年同学们回到家乡相聚时，都会笑谈当年在高密九中及高密师范读书拼搏的岁月。

岁月无情，当年在高密九中就读的同学，有几个已悄然离世了。每当想到与他们在一起的美好岁月，颜军心里总是觉得他们不曾离开。如果他们能够坚持到现在，看到祖国和家乡如今巨大的变化，那该多好呀！

如今回想起来，颜军很庆幸自己考上了大学。不然，现在很可能一直留在县里，那就真的一辈子只能仰望星空“寻找月亮”了。

歪打正着进入哈工大

1978年，对于中国社会主义现代化建设事业来说意义重大。党的十一届三中全会开启了改革开放和社会主义现代化建设的新时期。改革开放开始了，中国人民走进了新时代！据统计，在1978年颜军考上大学的那一年，全国大约有610万人参加高考，录取人数为40.2万，录取率大约 7%。

可以说，1977、1978年的高考，录取率是极低的！从1966年停止高考，到1977年9月决定恢复高考时，起初预计13个年级累计的考生有可能达到2 000万人，原定计划招生20万人，录取率是1%。

后来不少省市采取了地区初试，按计划录取数的2～5倍筛选出来参加正式高考，加上全国超过半数的青年根据自己的文化基础选择报考中专，结果1977年最后实际参加高考的人数为570万，1978年增长到610万人。

1978年，也就是恢复高考的第二年，年仅16岁的颜军被哈尔滨工业大学录取。在高考大门关闭了11年之后，颜军成为这610万考生中的幸运儿之一。恢复高考是颜军这一代人命运的转变。

这一年的夏天，高考结束后，颜军按学校要求回到母校高密第九中学去填报志愿。颜军的班主任建议：“山东考生竞争比较激烈，为保险起见，要不就选择去偏远的地方读书吧。”

原本颜军的第一志愿填报的是山东的几所大学，但听班主任这么一说，觉得很有道理，就刻意选择了比较偏远的哈尔滨，填报了哈尔滨工业大学作为第一志愿。对此，颜军特别感谢班主任，如果当年没有他的建议，很可能与哈尔滨工业大学失之交臂，可能就会后悔一辈子。没想到，颜军真的被哈尔滨工业大学录取了，录取通知书上要求新生在1978年10月份报到。

儿行千里母担忧。母亲专门给儿子赶制了厚厚的大棉袄和棉被，生怕儿子抵御不了哈尔滨冬天的寒冷。要去学校报到时，家里不放

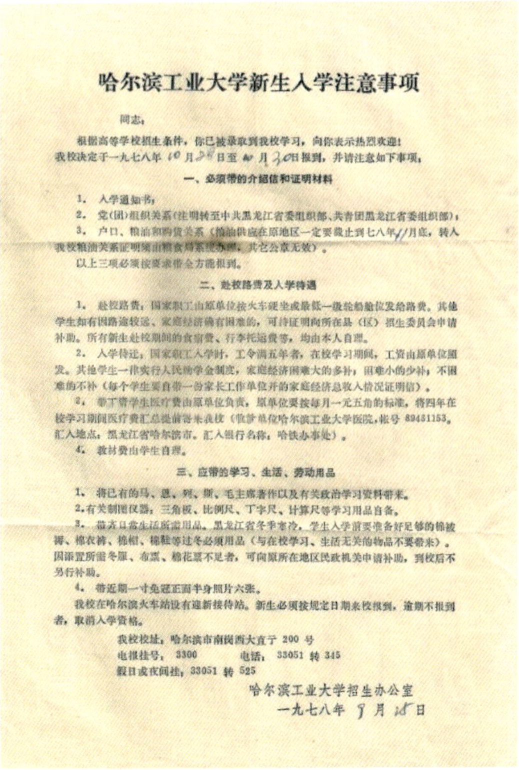
哈尔滨工业大学新生入学注意事项

同志：

根据高等学校招生条件，你已被录取到我校学习，向你表示热烈欢迎！我校决定于一九七八年10月24日至10月30日报到，并请注意如下事项：

一、必须带的介绍信和证明材料

1. 入学通知书；
2. 党(团)组织关系(注明转至中共黑龙江省委组织部、共青团黑龙江省委组织部)；
3. 户口、粮油和购货关系（粮油供应在原地区一定要截止到七八年11月底，转入我校粮油关系证明须由粮食局系统办理，其它公章无效）。

以上三项必须按要求带全方能报到。

二、赴校路费及入学待遇

1. 赴校路费：国家职工由原单位按火车硬坐或最低一级轮船舱位发给路费。其他学生如有因路途较远、家庭经济确有困难的，可持证明向所在县（区）招生委员会申请补助。所有新生赴校期间的食宿费、行李托运费等，均由本人自理。

2. 入学待遇：国家职工入学时，工令满五年者，在校学习期间，工资由原单位照发。其他学生一律实行人民助学金制度，家庭经济困难大的多补，困难小的少补；不困难的不补（每个学生要自带一份家长工作单位开的家庭经济总收入情况证明信）。

3. 带工资学生医疗费由原单位负责，原单位要按每月一元五角的标准，将四年在校学习期间医疗费汇总提前寄来我校（收款单位哈尔滨工业大学医院，帐号 89431153，汇入地点：黑龙江省哈尔滨市，汇入银行名称：哈铁办事处）。

4. 教材费由学生自理。

三、应带的学习、生活、劳动用品

1. 将已有的马、恩、列、斯、毛主席著作以及有关政治学习资料带来。
2. 有关制图仪器：三角板、比例尺、丁字尺、计算尺等学习用品自备。
3. 带齐日常生活所需用品。黑龙江省冬季寒冷，学生入学前要准备好足够的棉被褥、棉衣裤、棉帽、棉鞋等过冬必须用品（与在校学习、生活无关的物品不要带来）。因添置所需冬服、布票、棉花票不足者，可向原所在地区民政机关申请补助，到校后不另行补助。
4. 带近期一寸免冠正面半身照片六张。

我校在哈尔滨火车站设有迎新接待站。新生必须按规定日期来校报到，逾期不报到者，取消入学资格。

我校校址：哈尔滨市南岗西大直街 200 号
电报挂号：3300　电话：33051 转 345
假日或夜间挂：33051 转 525

哈尔滨工业大学招生办公室
一九七八年9月28日

1978年哈工大新生入学注意事项

心，又让大哥坐火车一路把颜军从高密送到济南。在济南站，颜军与大哥依依不舍地分手，然后继续远行。第一次出远门的颜军，心情很紧张，但一路上在同车好心人的陪伴下，安全地抵达了哈尔滨火车站。

第一次来到哈尔滨这个大城市，一切在他的眼里都是新奇的。在此之前，颜军从来没有出过远门，更没见过高楼大厦，甚至连绿皮火车都没坐过。

刚刚下火车，颜军就受到了在车站迎新的同学和老师的热情接待，紧张的心情得到了放松。到系里办理报到手续，遇到和蔼可亲的老师、看到热心的同学，感觉进入了一个温暖的大家庭。

颜军所在的班级是7881班，是哈工大机械工程系（八系）的精密机械设计专业（81专业）。班上的同学来自五湖四海，有的来自部队，有的是下乡知青，有的来自工厂，也有的来自教师队伍，部分是应届毕业生，年龄从十六岁到三十二岁参差不齐。班长周方时年三十二岁，是老知青，自然成为班上的老大哥。老大哥对班上年龄小的同学特别关照。

10月份刚入学时，哈工大的学生宿舍尚在准备之中，八系几个班的同学们就暂时被安置在机电楼的一间大教室里，里面住着几个班级的七十多个同学。住宿条件虽然艰苦，但哈工大的学习气氛非常浓厚。白天是紧张的课程安排，晚上是每个班级组织的晚自习，同学们利用一切可以抓住的机会多学一些知识。

在哈尔滨，冬天晨跑是一件很挑战个人毅力的事。因为东北的天气非常寒冷，离开温暖的被窝去迎战寒冷需要莫大的勇气。

每天清晨，老大哥准时叫醒还在睡梦中的同学们，为锻炼强健的体魄而一起晨跑。每次跑完步，同学们说说笑笑，一起吃早餐，一起去上课，一天紧张有序的学习就这样开始了。阳光照耀的哈工大校园，见证着时代骄子们的成长和青春岁月。

1978年十一届三中全会的召开，拉开了改革开放的大幕。共和国的土地上，到处生机勃勃。全国人民满怀希望、充满激情，在各自的岗位上为现代化建设而努力。

77、78级的大学生经历了太多的磨炼，他们克服艰难困苦，终于有了改变自己命运的机会。他们是经历过恢复高考后最激烈竞争的群体，经过动荡岁月的冲刷，披荆斩棘，终于走进了向往中的大学殿堂。77、78级的大学生几乎每一个同学都能说出自己“独特”的高考故事。没有哪一届学生像77、78级那样，年龄跨度极大，而且具有顽强拼搏的生命力。

唯有那些饱经沧桑的人，才更懂得珍惜生命中的点点滴滴。77、78级这个群体普遍个性坚韧不拔、吃苦耐劳；在极其艰苦、百废待兴的时代环境下，发愤图强，立志为祖国建设刻苦学习。他们是那个时代的印记！无疑，他们是幸运的，因为他们改写了自己的历史，而历史也改变了他们。

颜军沉浸在大学校园生活里，也深切地感受到祖国建设四个现代化的巨大变化。科技是第一生产力！祖国给了学子们优越的学习条件，唯有掌握学校精心设计的课程内容，才能报答国家和人民的恩情。今天的学习成绩，关乎到明天是否有能力胜任工作，而工作成果，又直接关乎到祖国的昌盛、民族的兴旺发达！在哈工大读书时，颜军就认识到了这个道理，立志为祖国的繁荣富强而努力学习。20世纪60年代的人思想特别单纯，他们努力学习的目的就是要为祖国的现代化建设做出自己的贡献。

3

功夫到家，在哈工大的奔腾岁月

每当想到大学时光，颜军都会觉得自己很幸运。在他热血奔腾的青年时代，有幸在哈工大这所一流的大学，得到老师们的指导和厚爱，得到同学们如兄弟姐妹般的照顾和帮助。“7881班”这个温暖的大家庭，在颜军心底留下了很美好的记忆。

学习路上没有“拦路虎”

从高中进入大学，一切学习方式都变了。哈工大以工科院校翘楚而著称，对学生理论基础的培养非常严格。颜军所在专业的课程设计，覆盖了高等数学、物理、化学、电工、力学、机械原理、精密机械设计等。对于颜军那个时代基础打得并不牢的学生来说，这些课程的设计极大地夯实了学生的理论基础。这为颜军两年后的专业课程学习奠定了坚实的基础。

颜军所在的7881班，在辅导员老师的鼓励和老大哥们的带领下，每个同学都干劲十足，把精力投入到学习中。学习上大家相互鼓励，生活上大家相互照顾，7881班是一个团结友爱的大集体。

大学的学习与生活与中学完全不一样，尤其是在哈工大这个藏龙卧虎的地方。颜军感到一天不学习，就会赶不上同学的步伐。受到同学们的影响，颜军一直在努力尝试，努力调整自己的学习方法，试图适应并跟上大学的学习进度。

几个月下来，颜军基本摸索出了适合自己的学习方法，逐步掌握了大学课程。在知识的海洋里，学无止境。哈工大为学生们提供了最好的师资力量，这些老师，大部分是支撑哈工大发展多年的大名鼎鼎的“八百壮士”，都是令人敬佩的科学家和老师！颜军时常觉得自己是那么荣幸，有机会在他们的教导下学习。

课堂上，老师们由浅入深的讲解、细致的阐述、严谨的推理，无不鼓励着同学们向着知识的海洋进发。老师们渊博的知识、谆谆的教导、对美好未来的描述，令同学们陶醉。

和同学们一样，颜军在课堂上睁大眼睛，边听边记，如饥似渴地拼命学习，生怕漏掉重要的细节、关键的内容。时常感觉45分钟的一堂课，还没有听够老师的精彩讲授，下课铃声就响了。大学的学习时间，感觉过得飞快！

在颜军的眼中，大学生活一切都是美好的。哈工大设置的这些课

哈尔滨工业大学校训石

程丰富了每个人的知识，也使大家感受到巨大的压力。老师们经常提到校训：“规格严格，功夫到家”。随着时间的推移，颜军越来越深刻地体会到母校对每个学生的关爱，它希望自己的“孩子”走向社会时，有足够的知识和本领应对工作的挑战。

但是大学伊始，英语对颜军来说却是一大“拦路虎”，因为他的英语基础太弱，更何况颜军乡音未改，山东口音比较重。当时觉得英语挺难学，他像鹦鹉学舌一样从背诵26个字母开始学起。英语作为一门主课，颜军一开始认为没有其他选择，唯有拼命地死记硬背来解决问题。

但是，哈工大的教授们真的很有办法。当时，八系主任齐毓霖教授讲物理课，他非常有学问，讲课也很有特色。齐教授要求同学们上课时中英文对照地学习课程，他还鼓励同学们去读英文版原著。

出于好奇，颜军去图书馆借来了原著，突然意识到齐教授的高明

毕业30年，我们又见到了齐老师（持手杖者）

之处：这本身就是学习英文的有效途径！因为中文课本里面的大部分英文字母缩写都来自于原著中的术语。

读了英文原著，不仅知道了物理学中各个术语所对应的英文单词，同学们也经常会不自觉地双向翻译，无形中提高了英文水平和使用英文来表述术语的能力。

时至今日，颜军形成了一个习惯，一旦遇到英文缩写，一定会琢磨一下，它对应的英文是什么？这就是哈工大教给学生的基本功！

另外一个使得同学们能够结合专业愉快学习英文的人，是哈工大力学教研室的邹振祝老师。邹老师是老校长黄文虎院士的弟子，山东大汉，学富五车，豪爽好客，爱钻研、爱创新。他从海外留学回来后，就坚持给同学们用中英文双语上课。邹老师是让人佩服的实力派教授，他教的力学课程，趣味十足、易记好懂，教室里通常座无虚席！

邹老师思路明确，条理清晰，在中英文的讲授中，提高了每个同学的英文水平，也提高了每个人对问题的分析能力。邹教授风度翩翩，亲和力强，英文特别好，同学们都为他着迷。他用英文来教力学，在哈工大是一道风景。这让包括颜军在内的同学们的英文进步得非常快。

正是因为邹老师的创新教学，颜军一改过去学英语全凭死记硬背的低效率方法，经常到学校图书馆去找英文原著，边学课程边修英文，使得英文水平进步很快。这也为颜军后期读研究生及出国留学奠定了坚实基础。

教授高等数学的沙老师，微积分讲得非常透彻，深受同学们的喜欢。私下里，同学们都亲切地称他为“老沙”。

还有一位讲机械原理的陈老师，讲课特别形象生动。陈老师在讲到齿轮运动时，形容齿轮是“连滚带爬”地往前跑……这个例子颜军至今还记忆犹新。

哈工大有着优秀的老师，颜军也庆幸遇到了一批肯于学习、积极向上的同学。同学刘大为，哈尔滨人，学习非常认真，乐于助人，善于钻研，经常为了一个问题，与同学们积极探讨，从各个角度分析研究。如今，刘大为同学是美国一家巨型投资公司的首席科学家。因为刘大为的技术改进，原本需要十几小时的大数据计算，缩短至二十分钟就完成了，他的这个技术创新非常了不起。

还有同学曹洪，是哈工大的骄子，是建筑领域的专家。他在美国研究生毕业后成立了一家大型建筑设计公司，他的公司承担了政府多个大型项目。

哈工大磨炼了同学们的意志和毅力。颜军刚入学时，看到一位来自贵州的同学在用冷水冲澡。这个同学说，毛主席年轻时为了强身健体不仅洗冷水澡还冬泳。在这个同学的带领下，好多同学都开始尝试洗冷水澡，颜军也加入了这个行列。每天早上，先用冷毛巾把身上搓热，然后接几盆冷水，直接从头顶浇下，全身冲凉，畅快无比！

颜军1982年的小照

同学们眼中的颜军，性格活泼开朗、乐于学习，喜欢讨论问题。不过，稚气未脱的颜军毕竟只有十六岁，在那些老大哥面前还像是个孩子。7881班姜建民同学说，颜军有时因想家而流眼泪，同学们安慰他一下，一会儿他又像没事一样，又有说有笑了。

在哈工大，同学之间互帮互助，毫无保留地把宝贵的学习经验互相分享。7881班，就是一个团结奋进的集体。

每每想到大学的时光、老师和同学，颜军都会觉得自己很幸运，在自己求学的时代，有幸在哈工大这所一流的大学里，得到老师们的指导和厚爱，得到同学们如兄弟姐妹般的照顾和帮助，助他克服了一个个学习道路上的难关。“7881班”这个温暖的大家庭，在颜军心底留下了最美好的记忆。

7881班，温暖的大家庭

走进哈工大7881班这个温暖的大集体，是颜军人生中一个重要的转折点。

四年的大学生涯磨炼了他顽强的意志，也让他结交了很多好同学。而这其中，有的校友后来就成了欧比特的合作伙伴，也成了颜军一辈子的好兄弟。

为人真诚、抓紧一切时间读书的颜军深得同学们的喜爱。由于他的年龄在班上比较小，大哥、大姐们平常也格外关心和照顾他。颜军所在的机械系7881班共有三十二人，其中仅有四名女同学，班上年龄最大的三十二岁，最小的十六岁。

入学几个月后，学校也把学生宿舍安排好了，男同学基本上是八个人一间寝室。当时宿舍的条件还好，一间宿舍四张上下铺，地中间放一张长条桌子，床底下放脸盆和杂物，每人配一个热水瓶，喝水需要到开水房去接，洗漱要去位于走廊的洗漱室和卫生间。

来自全国各地的同学各有风采。同寝室的曹洪同学，是军人出身，学习生活很有规律。他在部队养成的习惯是每天早上五点钟起来跑步。他一起床，就把室友们带动起来了，这样一来，室友们每天都会跟着曹洪起床跑步。晚上，大家很晚才回到寝室，但基本上晚上十一点准时关灯睡觉。

军事化的严格纪律，规范的寝室制度，互帮互助的学习风气，使每个同学无论体魄还是学习成绩都得到了很大提高。颜军因为年龄小，说话还带着山东口音，同学们就开玩笑称他为“小山东”。颜军从不生气，这个绰号慢慢就在同学们中传开了。

同学王洪永说，刚入学时，学校的生活物资十分贫乏，缺油少粮，到了冬天基本上靠吃大白菜和萝卜过冬。当时每人每月只有两斤大米指标，南方的同学很不习惯，于是颜军主动将自己的大米票换给南方的同学。

学校每年都会组织同学们去修护哈尔滨的防洪江堤。修江堤要挑土，劳动强度很大，颜军虽小，但干活从不落下。劳动后，全班同学和分组同学还会在防洪纪念塔下合影留念。

让颜军感到最温暖的，是同学们对他的无微不至的关爱与照顾。

东北的冬天非常寒冷。颜军有一天早晨去操场踢球，结果不小心把脚趾踢伤了，造成了大脚趾骨节错位，同学们赶紧把他送到医院进行处置。之后几天，颜军只能待在寝室。同学们便轮流照顾他，让他尽量不要下床活动。姜建民等同学每天帮他打饭、处理脏水等，颜军心里真的很过意不去。他对这段情义一直念念不忘。

大学四年，班级像个温暖的大家庭，大家学习都很刻苦，学习氛围很浓。特别是那些曾是知青、工人、教师、军人的同学，他们非常珍惜这来之不易的学习机会，带领大家刻苦学习。

每当颜军回忆起大学生活，他内心都感到特别温暖：“我从山东高密来到哈尔滨这个大城市，非常幸运遇到这么多好大哥好大姐。同学们团结友爱，相互帮助，他们待我如家人一般。有时过马路去对面做试验，看我走得慢，同学们都提醒我过马路要注意车辆，注意安全。”

班长周方是班里的老大哥，每当班上有哪个同学遇到困难，周方总是去关心他、帮助他；曹克勇同学上大学之前是老师，在班级担任文艺委员，他多才多艺，课余时间教大家学习曲艺，使班级文艺生活丰富多彩。班上仅有四位女同学，其中王晶红同学家住哈尔滨，她时常请同学们去她家里聚会。

家住哈尔滨的董培江同学，对班里年龄较小的几个同学非常关

1982年，精密机械设计7881班毕业照

心。在学习上，他鼓励大家；在生活上，他经常带同学去他家里改善生活，就像一个大哥哥。

7881班，这是一个团结友爱的班级，是珍藏在每个同学心中的温暖回忆。

时光如白驹过隙。2002年7月，在毕业20年后，7881班在上海举行了一场别致的20年同学聚会！同学们从全国各地飞奔到上海，也有的同学专程从国外赶回来。大家欢聚一堂，一起回忆大学四年那段似水年华。

再回首，泪眼朦胧。

在毕业30年后，7881班再次相聚。30年的岁月转瞬即逝，就像《时间都去哪儿了》歌中所唱：还没好好感受年轻，就老了……想起

2002年，7881班毕业20年上海聚会

大学四年生活，颜军觉得自己很幸运，幸运地进入了一流的大学、进入了这么好的班级，幸运地和同学们成为一生的挚友！

2012年，毕业30年，机械系老师与77、78级同学合影

读研：规格严格，功夫到家

四年的大学生涯结束后，颜军考上了哈工大研究生，师从李国伟教授，主要从事数控技术的研究。颜军所在的研究生班是研82-4班。据统计，1982年全国在高校及科研机构攻读博士、硕士学位的研究生达2.59万人，1983年增加了1.12万人，达3.71万人。

千里马常有，而伯乐不常有。读研究生是颜军人生中的一次重大转折，是李国伟导师的慧眼改变了颜军的人生轨迹。

大学四年颜军虽然学的是机械工程系精密机械设计专业，但他对计算机控制的自动化设备非常感兴趣。在学校组织班级去长春第一汽车厂实习时，看到多个机器手在生产线上有条不紊地协同工作，颜军感到非常震撼，也非常想了解这些机器手是怎么工作的。当时学科的划分很明确，通常是学机械的不学数控，学数控的不学机械。但是，自动化机器手是典型的数控机械一体化产品。

实习回来后，就进入毕业设计阶段。李教授当时看颜军对自动化机器手很感兴趣，就问："你想不想搞数控？"

“想！可我对计算机控制不懂呀！”颜军那时没有接触过机算机控制，而搞数控就必须搞通计算机控制技术。

“你不懂我可以教你！你读研究生可以选数控研究领域，不仅要学机械学科，还要学习计算机控制相关课程。”李国伟老师当时是哈工大研究数控机床的领军人物，也是参与此领域国家标准制定的专家。1982年，他刚刚从航天部（1988年，与航空工业部合并，组建为航空航天工业部）领到一项艰巨的科研任务，正准备招兵买马大干一场。他在寻找也在培养数控学科的学生，准备让他们参加项目的研究。

考上研究生，颜军就选择了李国伟老师的数控专业。李教授给颜军指定了很多有关计算机控制及微机编程方面的书，并要求颜军认真学习有限元计算、数值分析、数学物理方程等专业基础课，让他去自动化及计算机系选修一些与控制原理、计算机控制、数值分析等相关的课程。

因为颜军在计算机编程方面基础比较弱，一开始觉得针对Z80微处理器的汇编语言程序较难。李国伟导师鼓励他说世上无难事，并亲力亲为，动手写教案，自己编程，给颜军做出示范。

在李老师的指导下，颜军开始认真钻研计算机课程，研读周明德老师编著的《微机编程原理》等教科书，也慢慢地熟练掌握了计算机编程技巧。

那个年代，计算机比较贵，可供选择的微处理器也不多，好在学校教研室有专门给研究生使用的计算机。李老师也采购了几套Z80微处理器控制单板系统，颜军就边为纤维缠绕机运动规律建立数学模型，边跟着导师做数控缠绕机课题研究，学习控制系统设计，钻研汇编语言编程，在Z80微处理器板子上运行测试控制程序。

读研究生期间，这些有关控制系统的工作，仿佛打开了一个全新的世界，颜军一边学习、一边实践，在数学模型建立、微处理器系统控制、计算机编程、数控系统等工程实践方面得到了全面锻炼。那时可供选择的微控制器并不多，颜军读研期间一直采用汇编语言的编程来实现数控缠绕机复杂的控制算法。

颜军终生感激哈工大和李老师，明确的研究方向、书本知识与实际工程结合才能真正让学生"规格严格，功夫到家"。

李国伟老师是哈工大当年的"八百壮士"之一，是德高望重的老教授。1932年出生的李国伟教授可以说把一生都奉献给了哈工大，献给了航天事业，献给了共和国的现代工业化事业。他在数控机床方面的成果，使我国很早就提出了数控机床发展的规划；他在数控缠绕机

2008年颜军与导师李国伟教授合影

领域的建树，填补了国内空白，打破了国外垄断，为我国国防事业提供了国产化、自主可控的高可靠设备。

何为“八百壮士”？在20世纪50年代，800多名青年师生响应国家号召,从祖国各地齐聚哈尔滨，为我国高等教育及国家工业化建设做出了突出贡献。这支平均年龄只有27.5岁的教师队伍,就是后人常常提起的哈工大“八百壮士”。

几十年过去了，老一辈“八百壮士”或年至耄耋，或已故去,但他们热爱祖国、建功立业、精益求精、奋斗拼搏的精神却永远激励着一代代哈工大人,始终把国家需求、教书育人作为使命担当,在教学科研领域开疆拓土！哈工大“八百壮士”精神,彰显着一代代知识分子“心有大我,至诚报国”的信念与担当。

哈工大是培养科研人才的沃土

在颜军追随李国伟导师攻读硕士研究生之后，李老师于1983—1984年又招收了三名学生：范谦、富宏亚、石成江。颜军与他们就像是西天取经中的最佳组合，颜军是他们的“大师兄”。

2012年颜军的三个“师弟”合影

当年李国伟导师承担的航天工业部重大科研项目“数控纤维缠绕机”是解决“有和无”的问题。当时王永章、王永生、路华等老师参与了课题研发，研究生也踊跃参与课题的研究，大家各负其责，取得了一系列的科研成果。

这个重大科研项目，本身也是一个多学科创新、融合和集成的项目，需要各学科的通力合作。李老师协调了众多科研院所一起参与课题研究。面对技术难题，大家每天都有使不完的劲，甚至有时通宵达旦。李国伟导师的这种课题合作研究模式，对颜军日后的发展影响非常大，让颜军体会到课题合作的重要性和必要性。

在富宏亚的眼中，李国伟导师是一个典型的学者，没有其他爱好，一心扑在工作上，除了工作就是工作。作为“大师兄”的颜军，平时在实验室严格按着李老师的安排认真工作。

富宏亚还记得那时师兄弟四人都很拼。实验室是用哈工大一个小工厂改建的，面积不大，只有100多平方米，里面放置了一些与缠绕机相关的体积较大的机器系统和台式电脑后，就没有多少空间了。工作空间太挤，为此，还在实验室里搭建了一个小阁楼。

隔壁是其他项目的实验室，两个实验室中间挖了一个小窗口，放置了一部两边共用的电话机。实验室的走廊里没有灯，每天晚上10点多回宿舍的时候，要穿过这条长长的漆黑的走廊。特别是在寒冷的冬天，从实验室到宿舍要走约15分钟，那种感觉就是又黑又冷又饿。回到宿舍后，偶尔泡上一碗方便面，对大家来说就是一种莫大的享受。

就是这样一间100多平方米的实验室，李国伟导师带领一批老师和几名研究生在这里搞科研，这个数控缠绕机项目一直延续至今。而当年的富宏亚，直到今天仍然在哈工大承担着由李国伟导师开启的

“数控缠绕机”项目。与当年相比，今日的“数控缠绕机”项目在技术及性能上已经不可同日而语！

时过境迁，虽然当年那个简陋的实验室早已搬迁到宽敞明亮、条件更好的地方，但大家对当年那个实验室还是充满了怀念之情。那时面对技术难题，大家不畏困苦，勇于挑战自我，为了一个共同的目标拼搏努力着。颜军体会到：这种奉献精神、这种严谨的科学态度，是母校对师生研发能力的培养，是对国家未来工程师的雕刻！

富宏亚记得，当时的计算机设备很落后，庞大的机器运行速度并不太快，编一个程序需要耗时几个小时；不像现在的计算机速度配置很高，只需要花几分钟。但是大家心中有个目标，那就是一定要干出

哈尔滨工业大学研究生82-4班毕业合影

国产化第一台数控缠绕机，不再受制于人！不管有多少技术难题、有多少拦路虎，大家心中只有一个念头——拼了！

数控缠绕机这个科研项目受到了学校和航天部门领导的重视和关注。记得学校领导包括原副校长强文义经常光顾实验室，关心研制情况。航天总师、火箭系统控制专家梁思礼院士专程赴哈工大缠绕机研制现场视察指导，他对这个项目寄托了很大的期望。第一次见到梁院士，大家就为他的学识、睿智所折服。

梁院士肯定了课题组取得的成绩，鼓励大家要大胆创新、积极努力实现关键设备的国产化。梁院士强调："关键设备需要国产化！我们的事业不能受制于国外。"

梁院士很关心设备的控制精度指标及控制程序的研制。离开现场前，他还一直与李国伟导师在探讨技术指标。

那个最初由小工厂改造的数控缠绕机实验室，如今已经造就了好几代人。李国伟教授在颜军、富宏亚之后又陆续带过30多名研究生。

四十年过去了，课题仍在继续

曾经，新中国的第一台微机控制纤维缠绕机在哈工大诞生。1988年7月2日，哈工大研制的具有国际水平的我国第一台微机控制缠绕机通过部级鉴定。这种功能齐全、性能稳定的数控缠绕机，填补了国内空白，是航天、航空、石油化工等领域新型复合材料构件的重要自动化生产设备。当时，世界上只有两三个欧美国家能够制造，但对中国实行禁运。

1990年3月24日，哈工大研制的JKCR120/400-K新一代微机控制纤维缠绕机获得了航空航天部等单位专家的高度评价。专家认为：缠绕机是生产复合材料的关键设备，这种设备要求精度高，涉及多学科交叉技术。哈工大攻克了多项技术难关，成功研制了性能先进、结构新颖、富有创新的不同类型的缠绕机，其研究成果对打破国外技术封锁、发展我国复合材料自动化生产设备具有重要意义。

1994年11月25日，哈工大研制的JKCR120/800B型高性能微机控制纤维缠绕机通过国家鉴定。该设备实现了“零度缠绕”等特殊功能，提高了缠绕精度和效率。设备经过近一年运行，证明性能可靠。鉴定委员会认为，设备全面达到了预定设计指标，主机、主控系统、软件开发等均有创新性，是一台机电一体化高技术新产品，属国内首创。

2001~2005年，受航空航天领域多家研究院所、制造厂等的委托，结合客户特殊的技术指标要求，哈工大在继承原有研究成果的基础上，陆续开发研制了多品种、高性能、高可靠数控纤维缠绕设备，并相继投入到型号应用，为航空航天事业做出了积极贡献。

2006年7月27日，哈工大完成的“数控纤维缠绕机及其关键技术”成果通过国家鉴定，与会专家对项目成果给予高度评价，认为用于航天航空复合材料构件制备的数控纤维缠绕机及技术为独立开发研制，打破了国外对我国的封锁，其关键技术达到了国际同类产品的先进水平，部分产品指标处于国际水平，为我国高性能纤维缠绕复合材料构件的开发奠定了基础。

2006年底，哈工大与齐二机床合作研制的SKLCR120/500型数控龙门纤维缠绕机，填补了国内空白，备受中外客商和各大媒体关注。

2007年，由哈工大与齐二机床合作的国内首台、亚洲最大的KCR165/1200型数控纤维缠绕机研制成功。该数控纤维缠绕机是打破西方国家技术封锁、替代进口产品的高端产品，标志着我国在该领域已经达到世界领先水平。

该数控纤维缠绕机为五坐标控制、四坐标联动的树脂基复合材料缠绕成型构件的大型数控专机。树脂基复合材料具有强度高、重量轻、耐腐蚀、耐高温、耐辐射等许多优良特性，广泛用于航天、航空、舰船、石油、化工、建材、机械等领域。

以上的成绩，出自数控技术研究室的一代代哈工大人。如今，在哈工大博士生导师王永章教授、富宏亚教授的带领下，这个数控技术研究室的老师和十几位研究生仍在继续着李国伟导师当年研发的课题。新研制开发的一系列数控缠绕机已在航空航天部门的多家单位得到应用，为我国的航空航天事业做出了贡献。

李国伟教授从教四十余年来重视学术研究，对精密机床设计、数控技术、自动纤维缠绕技术和微机在机械制造中的应用等方面有深入的研究，善于用多学科先进的知识培养学生，培养了许多机电控制方面的硕士、博士研究生，多次获得校系优秀党员、优秀教师、先进工作者和科研先进个人等奖励。

李国伟教授曾担任数控技术学科教学科研带头人，并承担多项重大科研课题，为发展我国的高等教育和航天事业做出了突出的贡献，并从1993年起享受政府特殊津贴。

如今，李国伟教授早已经退休，但他桃李满天下。每个周末，富宏

哈工大90年校庆，颜军回母校参观校博物馆

亚都会去李国伟导师家里看望，颜军和外地的同学们每年也会专程回哈工大看望恩师。从导师那一代传承下来的数控技术研究室，现在研究条件大为改观，研究课题充足，成果频出。年轻教授和大量研究生的加入，使研究室人才济济，仅博士生就有七八个。从研究室走向社会的学生们，在各行各业发展得都很好，有的已经为国家重大科研项目做出了贡献。

四十多年过去了，李国伟导师和爱人仍然住在哈工大一栋老式公寓楼里。20世纪八九十年代，每年的冬季，老两口会把买来的大白菜或萝卜等储存在自己家一楼阳台下面的菜窖里，这个简易的菜窖是用砖头砌成的。富宏亚说，就在2019年12月他去看望李国伟导师时，师母提起颜军时说道："这个菜窖还是当年颜军帮我们砌的呢。"

颜军看望导师和师母

4

北京工作，航天事业是一生挚爱

什么是航天精神？航天精神是就是自力更生、艰苦奋斗、不断创新、挑战极限、严谨务实、勇于攀登。颜军把对航天精神的敬仰变成了自己的追求：追随学长们的脚步，把青春投入到中国航天伟大事业中。

什么是航天精神？

在李国伟导师的悉心指导下，颜军如期完成了研究生的学业。1985年5月，他被分配到了中国航天三院8359研究所，在自控研究室工作。

据统计，1985年全国毕业的研究生约有1.7万人，这是恢复高考后，国家从77、78级大学生中培养出来的第一批研究生。

让颜军记忆犹新的是，在数控缠绕机研制过程中，1983年他有一次跟随李国伟、王永章等老师去航天四院某研究所进行调研和技术对接。那次与航天人的近距离接触，对颜军来说，是一次心灵的震撼与洗礼。

“经过几小时的颠簸，我们终于抵达隐在山沟里的研究所。在那里，我看到了航天人工作和生活条件的艰苦，感受到了每个航天人对事业的热爱、自豪和乐观精神，体会到了每个航天人严肃认真、精益求精的工作作风。当了解到研究所对于缠绕机在型号应用中的急切需求时，我们感到肩上的担子很重，同时也暗下决心，要尽快提交合格的设备。”颜军在当天的日记中写道。

那个年代，各高校毕业生的工作都由国家分配。哈工大的毕业生，大多被分配到航天各院所。因为历史及行业的原因，国家在布局航天产业时，通常将部分航天单位建设在偏远的郊区或山沟沟里，他们就在远离城市的地方集中精力搞研发及生产。那个年代，这些院所基地通常会自成体系，建立自己的学校、技校及医院等配套设施。这些航天人的下一代，从小就会远离大城市，跟随父母待在山沟沟里上学或工作。

那次出行，颜军遇到了一位在研究所工作了多年的哈工大师兄。这位师兄是航天老前辈，在所里一待就是近二十年，献出了自己的青春。他的孩子也在基地学校上学。这位师兄说，如果孩子不去外地上大学，就会选择在基地上技校，然后进入基地车间工作。这位师兄献出自己的青春后，也愿意让自己的子孙扎根于此，这就是航天人!

在航天单位工作，就是一辈子奉献，就是燃烧自己，照亮天空。

那一次出差，让颜军体会到什么是航天精神！在颜军看来，航天精神就是自力更生、艰苦奋斗、不断创新、挑战极限、严谨务实、勇于攀登！后来，国家领导人总结了航天人的特点：“特别能吃苦、特别能战斗、特别能攻关、特别能奉献。”在航天事业中，无论是飞行器的发动机，还是飞行器本身的设计、制造，其核心的器件、部件，所有的设备都需要自主设计、研制。这些是花钱也买不来的技术产品。

航天人的创新，以安全可靠、万无一失为追求目标，历来都是把事情做到尽善尽美、精益求精。如果没有山沟沟里这些为航天事业默默无闻、奉献一生的航天人，也就没有中国航天事业今天的辉煌。

正是因为航天事业发展中有这样一代代实干的人，有这样一支支可以依赖的强大队伍，才使中国航天事业飞速发展。

这次出差回来后，颜军的思想发生了巨大变化。对于航天的向往变成了明确的追求。在心里，他已经坚定了自己的选择：追随学长们的脚步，把青春投入到中国航天的伟大事业中！

1977、1978年入学的大学生，1982年毕业后走向了各自的工作岗位。到了1985年，这些同学已经在工作岗位工作了近三年时间。

初次走上航天研究所的工作岗位，从事着自己擅长的计算机编程工作，颜军感到每天都有使不完的劲儿。更幸运的是，颜军在单位遇见了影响自己一生的良师益友们。

艰苦奋斗的8359研究所

8359研究所的前身可追溯到1965年。当时几个精干的研究室组成了一个新的业务单位，负责全新的地面储备及发射装备的研制，但并没有成立研究所。到了20世纪80年代初，原班人马与京西汽车厂合并，才成立了8359研究所。

颜军在所里工作时，所领导及各研究室的班子是由一批工作能力非常强的专家组成的。当时的所长柯新和研究员是留苏归来的博士，副所长兼总工程师吕佐臣研究员是北京理工大学毕业的高材生，副所长兼党委副书记温俊明研究员是技术专家和政工干部，副所长凌育锦研究员是高级知识分子；自控室主任韩九如研究员是控制专家，工程组组长袁为谋是计算机专家，工程组组长奚蔷芳研究员是毕业于清华大学的高材生……

这些领导和同事，当年正是风华正茂、经验丰富、斗志昂扬的年纪，他们干劲十足、不畏困难，带领着8359研究所披荆斩棘、奋勇前进！

在以后的岁月里，8359研究所发展成为一个非常了不起的研究所。正是这些老专家老领导，为我国航天事业的飞速发展起到了至关重要的作用。正是他们，用知识和青春浇灌出航天事业鲜艳的花朵。

令人更加高兴的是，哈工大人永远不分开！在所里，颜军与大学时期的校友林艺、黄越平、陈剑平、陆向明、王瑛、曾度等工作在一起；还有好几个78级之后的年轻校友。陆陆续续，哈工大毕业生来得越来越多，其间研究生同班同学华崇志也被分配到研究所。

当然，研究所还聚集了国内好多顶尖高校的高材生。记得当时有来自清华大学、北京大学、北京航空航天大学、北京理工大学、南京理工大学、厦门大学等知名大学的年轻而优秀的同事。当时，8359研究所人才济济、生龙活虎，到处是一片朝气蓬勃的景象。

8359研究所的领导们重视梯队的建设，重视对年轻人的传帮带和培养。年轻的一代研究生和大学生，很快就切入型号任务，作为主力主持设计，挑起大梁。不久以后，林艺、黄越平、华崇志、王瑛等同事陆续走向领导岗位。在这个过程中，颜军切身体会到了研究所领导和同事们艰苦奋斗的精神、凝聚团队力量的工作方法、务实的工作作风、不屈不挠的拼搏精神！"特别能攻关，特别能奉献"，就是航天人的写照。

颜军记得刚到研究所就得到韩九如主任的悉心培养。韩主任让颜军参加所里的一个重大预研课题，即水下拖曳声呐系统。当时课题由凌育锦副所长负责，他带着林艺和颜军等人去出差调研。

这个系统比较复杂，涉及拖曳声呐系统的水下运动数学模型及液压控制系统等。颜军负责水下运动数学模型的建立及分析，林艺负责液压控制系统的设计及实施，颜军和林艺按要求完成了设计任务。从这里，可以看出8359研究所领导对年轻人的信任和培养。

在研究所工作期间，颜军对老专家和师傅们的传帮带深有感触。在设计坦克控制系统中人机交互子系统时，韩主任把相关的微机控制系统部分分配给了颜军。当时微处理器是8/16位微处理器，实时控制程序采用汇编语言。

项目进行过程中，颜军针对系统指标及各接口关系经常与相关技术专家和奚师傅沟通，受益匪浅。在这个任务完成后，研究所领导及奚师傅对项目进行了逐一验收，对于软件系统的设计及编程给予了充分肯定。

研究所配置了小型计算站，为研发人员提供CAD计算支持的袁为谋师傅是专家，他不厌其烦地指导颜军等年轻人对小型计算机工作站和CAD（计算机辅助设计）程序运行管理。在其他项目的立项方案设计、项目研发设计中，研究所的年轻同事们在老同志的带领下紧密合

2011年6月，颜军与吕总、韩主任等老领导在北京相聚

作，发挥了集体的聪明才智，攻克了一个个技术难关。

这个过程，对于刚刚参加工作的工程师来讲，是一种实实在在的成长。这种做法也使颜军受到了深深的启发，他在其后的公司研发管理过程中，也采用这种办法来培养年轻的同事。

后来，因韩九如主任调任所里总师，安新年研究员来到研究室担任主任。他鼓励老同志对年轻人传帮带，鼓励大家放开手脚，那个年代，大家干劲十足，整个团队生机勃勃。

因为工作关系，颜军与江智常接触较多。江智常对设备及自动化系统的公差工艺有着独特的理解，颜军在所里工作时也时常向他请教。后来，当欧比特公司SIP封装工艺遇到难题时，还是江大哥这个老专家亲自出马来解决的。

8359研究所的经历在颜军一生中难以忘怀。

感激研究所的培养

颜军刚刚加入8359研究所时，所里有一大批年轻大学生。工作之余，大家一起畅谈理想，谈天说地，讨论科技的进步，有时也组团去参观北京的名胜古迹，领略太行余脉的山峦起伏，观赏漫山红遍的西山，他们是一群快乐无比的年轻人。但在同事林艺眼中，颜军比任何人都更重视学习，经常晚上到办公室去加班。

温俊明是一个理解年轻人的好领导，对年轻人鼓励、支持并厚爱有加。记得当时温书记主管政治部及人事部的工作，年轻人来京工作，初期面临一些困难，但是只要找到温书记，他都会一一给予解决。涓涓流水，润人心田！这样，年轻人就会主动向组织靠拢。

当时因工作调整，原先所里的团总支书记另有任用，颜军就接过了团总支书记的工作。上级团委领导机关觉得8359研究所团员人数较多，团员在工作中能起到积极带头的作用，且团内的工作也需要积极开展，就批准成立了8359研究所团委。颜军就在业余时间承担起了团委书记的工作。

颜军就像是一块砖，搬到哪里都会发挥作用。他在担任团委书记期间，把8359研究所团委的工作做得有声有色。特别是在承担科研生产任务方面，团员们起到了很好的模范带头作用，得到了院团委、所领导、党委及政治部的表扬。

颜军无论是对上级还是下级，或者是兄弟单位，待人接物都非常坦诚，给各级部门同事都留下了良好印象，以至于后来颜军离开了8359研究所去海外留学后，还有很多老团干挂念着颜军。

颜军本人也觉得，做团委书记那段时光是一段难以忘怀的经历。很多团干部是有理想、有思路、有智慧、有才能、善于沟通的人，这批人阳光、蓬勃向上、乐于助人，对事业忠诚，对祖国的现

多年后，老领导刘纪源部长率队来访珠海欧比特

代化建设不遗余力地贡献青春！

中国航天，从20世纪50年代创立，到80年代起飞，再到现在中国成为世界航天大国，走过了一段不寻常的创新和自力更生的路。从经常听大家谈起的中国航天老一辈的钱学森、任新民、屠守锷、黄纬禄、梁守槃、陆元九、孙家栋等专家，到自己亲身接触过的庄逢甘、梁思礼、杨嘉墀、王希季、屠善澄、张履谦、刘纪源、王礼恒、戚发轫、吴伟仁、邹广瑞等专家、总师、老领导，到年富力强的包为民、叶培建、吴宏鑫、刘永才这些资深院士，颜军都强烈地感受到他们深深的家国情怀，感受到他们的民族责任感。

这些航天人影响了颜军一生。航天事业，也是颜军毕生追求的事业。

作为中国社会主义改革开放和现代化建设的总设计师，邓小平对于人才的培养有着独特的思路和方针，他提倡国家培养人才梯队。人才的培养，主要靠国内自己培养，也可以通过国际人才交流项目培养。航天工业当时也有这种梯队培养计划，且实施了国际人才交流项目。

8359研究所也在考虑人才培养计划，所领导希望颜军去国外学习先进的计算机控制技术，为所里储备后备力量。当时颜军也感到自己专业技术的不足，希望有机会出国去学习，增长见识，练好本领。

经过半年多的专业外语培训，经吕佐臣总师推荐，颜军联系到了几家学术机构。后经所里研究，颜军确定去爱尔兰学习。出国前，柯新和所长专门与颜军谈话，希望颜军学有所成，为国争光。那时，颜军感觉到肩上的担子沉甸甸的。

海阔凭鱼跃，天高任鸟飞。1988年10月，颜军在所领导们的殷切期盼下，赴爱尔兰学习。这一年，颜军26岁。

向老一辈航天人学习

1988年10月，颜军作为访问学者赴爱尔兰科技署（EOLAS）留学。爱尔兰科技署的领导对颜军这个中国工程师的访问学习非常重视，派出副总裁MICAHEL FITZGIBBON先生去机场接机，并细心地安排颜军在EOLAS的学习任务。

EOLAS的同事们也非常友善，对颜军关心备至，提供了优良的学习条件。在爱尔兰科技署访问学习的日子里，颜军认识到智能控制技术正在快速发展，未来必将成为航天控制领域发展的重点。颜军希望围绕这个领域加深学习，就向EOLAS高级制造部门的主任SEAN MURPHY先生提出可否在智能控制领域多学习。

MURPHY先生很支持颜军的想法，安排颜军去国立高等教育学院（后改为都柏林城市大学，DCU）与机械工程系 MOHIE EL-BARADIE博士和SALEEM HASHEMI教授探讨课题立项及研究方向事宜，最终颜军确定围绕模糊控制技术进行研究和学习，攻读博士学位。

颜军在都柏林曾居住的房子

其间，航天总师庄逢甘院士赴爱尔兰参加会议，听取了颜军的访问学习计划及课题研究情况，他希望颜军能够围绕这个领域做深度研究，尽快完成学业，服务于祖国的航天事业。这个想法也得到了8359研究所领导的支持。至今，颜军对庄院士的指导和期望没齿不忘，对8359研究所的培育之恩一直心存感激。

在爱尔兰学习、工作生活四年后，颜军去了加拿大多伦多。颜军虽然身在国外，但他一颗火热赤诚的心仍在祖国。他始终没有忘记国家的培育之恩，没忘8359研究所，没忘那些老同事。林艺说，颜军人品很正、对人真诚讲义气，做任何事情都很尽心尽力。

有一年，8359研究所从美国引进一个项目，所里派三位老高工和两位工程师共五人组团去美国考察验收。那一年颜军在加拿大多伦多，当他得知所里的五位同事到美国后，专程从加拿大赶到美国与他们相聚。

异国相逢，大家分外激动。颜军非常想念所里的老领导、老同事、老朋友，一一问起，并把自己那几年在模糊控制领域的研发应用做了介绍，多次提及对祖国培育的感恩之情，也表达了希望为祖国航天服务的愿望。老同事回国后感慨道："颜军没有忘记航天！"

记得那是1996年，航天老专家梁思礼院士作为国际宇航联轮值主席率队去加拿大航天局访问考察，因飞机落地在多伦多，而去考察的单位在400千米之外的蒙特利尔市，颜军便亲自驾车专程将代表团送至目的地。

在这之前，颜军与梁院士有几次面对面的接触：第一次是1984年在哈工大实验室，听过梁院士对数控缠绕机的指示；第二次是1985年在北京听过梁院士关于信息化建设的构思；第三次是1994年颜军应庄逢甘院士邀请去北京介绍模糊控制技术，梁院士非常关心这个技术的应用，当场提出很多技术问题。

这次能够在多伦多再次见到梁院士，颜军觉得是上天给予自己的恩赐。

一路上，听梁院士讲他童年与父亲梁启超的趣事；听他当年在美国上学、假期搭顺风车出去打工的故事；听他讲为何回国从事航天事业的故事，颜军心里对梁老院士充满崇拜。颜军借机就自己的研发计划及技术产品定位的有关事宜向梁院士请教，梁院士对其进行耐心指导。

在加拿大航天局，梁院士展现了中国航天控制专家的风采，他渊博的知识、流利的英文、风趣幽默的谈吐，征服了在场的所有人！

在人生的路上，颜军很荣幸有梁院士这样的智者指引方向。

后来，当颜军归国创业在珠海研制出嵌入式宇航SOC芯片，在北京开技术成果鉴定会时，梁院士亲自参加技术鉴定会，对SOC芯片的设计、各项测试、试验等一一细心检查，对下一步的技术研发提出了中肯的意见。会上，梁院士就表示希望到珠海欧比特公司去看看芯片设计的源代码。其后，梁院士专程赶到珠海看芯片设计的源代码，检查仿真结果，检查测试系统，一看就是一整天。临离开公司前，老先生高度肯定了宇航SOC芯片的设计工作。

在颜军心里，梁院士永远都是自己的恩师和领路人！每当遇到困

2004年，梁思礼院士在欧比特公司听取汇报

难的时候，颜军经常会想起梁院士这一代人所经历的苦难和他们处理问题的智慧，想到那一代人战天斗地“干在戈壁滩，埋在青山头”的壮志豪言，马上感觉这些困难根本不在话下。

每次珠海航展，只要合作单位有需求，颜军有求必应。只要知道8359研究所和航天三院的老同事们参加航展了，他心里就很高心，为大家的辉煌成就感到自豪。虽然只在8359研究所工作了三年半的时间，颜军一直把自己当成是所里的一分子。直到现在，有的老同事提到颜军时还会说：“这个人值得做朋友。”

5

海外求学，『模糊逻辑不模糊』

颜军非常珍惜在爱尔兰的学习机会，实验室、图书馆是他每天耗时最长的地方。凭着这股学习上的拼劲，颜军发表了多篇论文，仅用两年七个月完成了毕业论文，顺利通过了博士学位学术答辩。成为DCU屈指可数的、在短时间内获得博士学位的研究生之一。

读博：模糊控制的魅力

1989年1月，在爱尔兰科技署的支持下，颜军进入国立高等教育大学（DCU）机械工程系学习，师从MOHIE EL-BARADIE博士和SALEEM HASHEMI教授，围绕模糊控制技术进行研究和学习。

在学校入学登记处，热心的工作人员高兴地对颜军说：“你是来我校的第二个中国学生，有困难你可以去化学系找一下来自中国的同学。”到化学系，颜军很快就找到了来自上海的王仁宜同学。王仁宜已经入学半年多了，熟悉学校的情况。他开朗、热情、风趣的性格使得学校的许多同学都喜欢与他交流。

DCU是在国立高等教育学院基础上组建的大学，位于都柏林的北部，校园不大。1990年的时候，下设的院系不多，但研究生比较多。建筑物并不多，但图书馆较大，实验室特多。当时，仅有一个餐厅，校园里到处是古树和草地。

当时DANIEL校长正在忙于各系各院的特色设计及精选教职员工，各系各专业在不断推出各具特色的课程和研发项目来吸引本科生和研究生。刚开始本科生不多，来自海外的研究生倒是不少，学习及研究的氛围很浓，夜读的灯光明亮如昼。过了两年，学生突然多了起来，学校进行了大规模的扩建，各院系也进入了快速发展的轨道。

MOHIE EL-BARADIE博士是个德高望重的教育家，他出生于埃及，在欧洲学习工作很久，曾在多个大学授课。在颜军眼里，他是一个学识渊博、非常善良、和蔼可亲的导师。学术讨论之余，他经常提及中国及埃及的灿烂文明。

SALEEM HASHEMI教授是系主任，对学生特别有耐心，有求必应，机械系在他的领导下快速发展。在颜军加入研发团队之前，两位导师对智能控制技术的分支学科、模糊逻辑控制技术策划了很久，并确定了研究方向。颜军研发项目课题时，提出研究模糊控制技术及策略并将其应用到机器人控制领域，得到了两位导师的支持和外审专家的认可。

模糊逻辑是由美国ZADEH教授于20世纪60年代提出的，是在不确定条件下，仍然可以对一个不完整的系统推断出或计算出精确结果的一套新颖的理论。

模糊逻辑一改过去人们必须依赖于确定条件来对系统进行精确分析、推理，不是推理结果非白即黑（在计算机领域，非0即1）的简单逻辑。

模糊逻辑控制技术是基于模糊逻辑理论的新颖的控制方法，它将人工智能作为知识库嵌入到模糊控制系统，针对那些变结构、变参数、复杂的或不完整的系统，架构出模糊推理机制及控制策略，将传统的PID或其他控制方法在系统的稳定性、鲁棒性、控制精度等方面大幅度地提升几个量级，为对强实时控制要求较高的、本身具备不确定性的复杂系统的控制带来了革命性的解决方案。

模糊控制技术可广泛应用于工业过程控制、航空航天飞行器控制、机器人控制、图像模式识别等。模糊逻辑也是现今人工智能系统常用的技术。

20世纪八九十年代，活跃在模糊逻辑及模糊控制理论领域的学者有中国的汪培庄教授、ZADEH教授、英国MAMDANI教授、加拿大TURKSEN学者等，而美国、欧洲、日本及中国很多学者也在为应用模糊逻辑不遗余力地研究。颜军当时就是在研究模糊逻辑控制方法及技术。

在攻读博士期间，DCU迎来了来自美国、欧洲、中国、叙利亚、伊拉克、巴基斯坦及欧洲一些国家的留学生，实验室和校园也一下子

颜军与MOHIE 博士当年在此办公楼里做研究

热闹起来，各位导师也更加繁忙。在这个过程中，电子工程系、计算机应用系、生物系、化学系、机械系、经济金融系等发展很快。来自世界各地的学生把教室、图书馆挤满，大量的科学研究项目上马，越来越多的研究生来到大学投入研究。

在设计及试验结果分析过程中，颜军的导师不遗余力地指导把关，其中MOHIE EL-BARADIE博士几乎每天都会固定一个时间段，耐心听取颜军关于工作进展的汇报。他分析试验结果、验证理论方法及控制策略，并从多个角度、多个层面对研究结果提出质疑，促使颜军不断完善项目研究。

颜军很幸运，有一位这么认真负责的导师，使他在科研上少走了许多弯路。MOHIE EL-BARADIE博士除了在各大学授课，在DCU指导研究生之外，也在研究高深的理论，出版了好多论文和专著。多年后，MOHIE EL-BARADIE博士被授予了爱尔兰科学博士（DOCTOR OF SCIENCE）荣誉。

颜军非常珍惜这个学习机会，实验室、图书馆是他每天耗时最长的地方。那时颜军精力充沛，劲头十足，他把一天当作两天使用，每天工作至凌晨两点多，深深地迷上了模糊控制理论。

颜军在“模糊控制理论”中找到了自己的轨迹和目标，在爱尔兰如饥似渴地学习。积跬步，至千里，积小流，成江海……颜军在学习上就是这样一点点积累的。

志不强者智不达，言不信者行不果。认定一个目标就要心无旁骛，埋头苦学。

颜军凭着这股学习上的拼劲儿发表了多篇论文，仅用两年七个月时间就完成了毕业论文，顺利通过了博士学位论文答辩。他在当时，

颜军博士学位授予仪式

颜军与DCU博士同学合影留念

是DCU屈指可数的、在短时间内获得博士学位的研究生之一！MOHIE EL-BARADIE博士和SALEEM HASHEMI教授也为此感到高兴。

颜军回到DCU

“我到现在都没忘记他们”

在模糊控制技术研究的过程中，颜军注意到两个趋势：一个是业内好多学者在研究模糊逻辑在强实时控制系统中的应用，另外一个是针对模糊逻辑处理的专用芯片的研制，将软件硬件化。

当时，日本欧姆龙（OMRON）及TOGAI INFRALOGIC推出了FP3000和FC110数字模糊处理器（DFP）。这些产品启发颜军希望有机会深入研究模糊控制在强实时控制系统中应用的相关技术，他认为与计算机工程的结合是出路之一。

1991年上半年，颜军在校园里邂逅DCU计算机系大名鼎鼎的系主任MICHAEL RYAN教授，教授对模糊逻辑控制很感兴趣，建议有时间一起聊聊。在了解到颜军所做的模糊控制工作后，RYAN主任建议颜军来计算机系展开教学及研究，拓展模糊逻辑控制及计算机图像处理领域的研究。

1991年7月，RYAN主任聘任颜军担任计算机系的助理讲师，重点把模糊控制引入计算机系的教学研发体系。在教学上，颜军负责两

RYAN教授在DCU

门研究生课程：机器人控制和计算机图像。

在科研上，颜军招收了几名硕士研究生，并联合几位同事，围绕模糊逻辑控制、计算机图像驱动的智能机器人等课题进行研究。颜军与几个同事完善了一个可以解魔方的智能机器人，运用模糊技术使它对魔方各颜色进行快速模式识别，并使用模糊控制策略控制机器人的手臂快速转动魔方。这样，在短短数秒内机器人就可以规划出转动魔方的步骤（控制策略），然后花几分钟完成转动魔方的动作（具体执行），甚是有趣。在当年的展览会上，时任爱尔兰总理很好奇机器人是如何快速解魔方的，亲自到现场观看机器人的操作。

在DCU计算机系工作期间，颜军联合MICHAEL RYAN教授、

JAMES POWER博士完成了*Using Fuzzy Logic*一书的撰写，该书1994年由英国Prentice-Hall出版社出版，成为研究生的教科书。

在爱尔兰学习工作期间，颜军结识了很多当地的朋友。爱尔兰人聪明好学、热情可爱，颜军与他们结下了深厚的友谊。MICHAEL RYAN教授是系主任，他风趣幽默，为人正直，是个技术发明狂人，也是爱尔兰政府计算机领域的教育体系委员会重要成员，为爱尔兰在计算机领域培养人才做出了重要贡献。

RYAN教授数次来中国大学任教，并多次应邀来中国参加会议，对中国的进步非常肯定，对中国人民非常友好。他是个热爱工作的老顽童，已经75岁的高龄，还在敲着键盘编程序，他说是乐在其中！

至今，颜军还一直与RYAN教授保持着技术合作。

颜军在DCU校园

颜军在都柏林繁华的街头

*Using Fuzzy Logic*一书的另一作者——JAMES POWER博士，是颜军的同事，也是系里的助理讲师。他在编译器的设计方面是天才，在短短的时间内，就完成了模糊控制系统编译器的设计。这个编译器，使得工程师及研究者可以方便地将所设计的模糊控制系统及控制策略转换为标准的计算机C语言，快速地进行仿真。这对于模糊控制应用，是一个很大的进步。

2019年5月，正当颜军、RYAN教授和POWER博士合作撰写有关模糊逻辑和神经网络方面的书籍时，JAMES POWER博士突然英年早逝。被大家发现时，JAMES POWER博士安详地坐在客厅的椅子上，像睡着了一样。

据说JAMES POWER博士的童年充满艰辛，父亲在他3岁时去世，母亲也在他13岁时去世了，他跟随着姐姐长大。去世前，他一直在为书籍中所用的集成开发环境IDE忙碌，大家都为他的去世感到心痛。

如今回想起来，颜军对爱尔兰人充满了感激怀念之情。对于好多帮助过自己的朋友，颜军很遗憾没有机会亲自去感谢他们。更遗憾的是，有一些老朋友，已经走了……

“我到现在都没忘记他们。”每次回想起爱尔兰的导师和朋友，颜军内心充满了温情。

嵌入式智能控制的机遇

对于模糊控制在强实时控制系统，尤其是在那些复杂不确定系统中的应用，以及模糊处理器的设计，颜军一直渴望针对具体的应用场景进行深入研究和设计。20世纪90年代，加拿大的航空航天、卫星、太空机器手、通信技术全球闻名，令颜军感兴趣的模糊控制在加拿大也有先进的研究成果。多伦多大学TURKSEN教授在模糊逻辑控制研究领域很著名。

后来经英国MAMDANI教授推荐，1992年秋天颜军计划赴加拿大多伦多大学跟随TURKSEN教授做博士后的研究。

颜军与导师EL-BARADIE博士、HASHEMI教授、RYAN教授、系里的同事们，以及EOLAS的MURPHY先生和同事们一一告别，大家依依不舍。1992年9月，颜军如愿来到多伦多，草草地安顿下来，他就加入了多伦多大学TURKSEN实验室做博士后研究。

TURKSEN教授非常注重模糊控制理论的研究，在他的实验室里，有来自世界各地的研究生及博士后，其中也不乏来自中国高校的高材生，他们的数学理论基础非常雄厚。TURKSEN教授在模糊强化自学习控制领域的研究成果令人耳目一新，具备较强的实用性，大家反复深入研究，希望其在实际控制系统中得到应用。

颜军试图把模糊技术应用到与实时控制相近的工程实践中去，推出嵌入式智能控制系统，他一直在寻找这个机会。

适逢多伦多有个专业研制大都市交通控制系统的公司，准备将模糊智能决策系统嵌入到其设计的交通控制系统中。当时，大家普遍认为模糊技术是实现智能决策系统理想的技术。

20世纪90年代，大都市交通控制是个难题。大都市的智能交通控制系统，其核心是一套运行于计算机工作站的专用软件，而这个软件基本控制在几个巨头公司手里。任何新的技术改进，必须通过这些商业巨头公司，所以，采用新技术的进度比较缓慢。

这家公司的管理者很有眼光，准备切入这个专用软件行业，或在终端控制单元上采用该技术，于是颜军加入了这家公司。但是，可能因为行业壁垒的限制或公司商业发展的安排，公司并没有启动专用软件这个项目。

大部分时间，颜军都在参与课题组的研究，与同事们设计研制基于16/32位微处理器的嵌入式交通控制单元，这些嵌入式控制单元被应用到各交通路口的现场交通控制子系统中。这个过程也让颜军认识到，尽管模糊控制技术很诱人，但要把它应用到传统控制行业中，需要有个成熟可靠且市场可以接受的软硬件平台及生态环境。

看来，把模糊控制技术实现嵌入式智能控制的希望寄托在别人身上是不现实的。考虑再三，颜军决心走一条自己的路。

1994年2月，颜军和朋友合伙成立了一间专业搞模糊控制技术设计研发的IT公司，研制嵌入式智能控制系统，力图打造一个模糊控制技术研发及应用的生态圈。颜军说：“那时我们就瞄准强实时控制对于嵌入式智能控制的需求，围绕模糊控制技术、嵌入式操作系统和智能控制技术进行研发，提供服务。”

好在加拿大政府当时对技术创新类型的公司，持有大力支持的态度，尤其对有技术创新的小型公司有很多优惠政策。

推出嵌入式智能控制器

自公司初创，颜军就把公司定位于技术研发及服务。颜军很庆幸，在技术产品定位及市场关系等方面需要专业人才来管理时，原加拿大科技部部长助理EDWARD CINITS先生加入了公司，并承担了这些耗时费力的管理工作。

在研制嵌入式智能控制系统时，几个技术过硬、充满激情的加拿大研究生加入了公司，并做出了优秀的产品。其中一个叫TONY JEDLOVSKY的小伙子，积极参与各种算法的研发，取得了一系列的成果。他是遥感技术优秀的创新者，也具备创业的潜质。后期，他把在学校设计的一个有关图像处理的工具软件，卖出了一个天价，后来也成为一个非常优秀的创业者。

更令人振奋的是，公司有幸招来了两个来自俄罗斯的曾经参与苏联飞机设计的工程师。他们理论基础雄厚，工作起来也是拼命三郎，令人敬佩。研发团队也有数名来自中国的优秀工程师，他们专业知识和工作经验丰富，在各自的岗位上发挥了领头羊作用。

天时地利人和，模糊控制技术的研发及产品化应用方面发展很快，研制了嵌入式智能控制器，推出了模糊控制算法及模糊控制系统设计的专用工具，在市场上得到了肯定。

到了1996年，颜军组织了一个专业研发团队，专门做商业航天航空领域的强实时控制系统技术产品，推出了嵌入式智能控制平台，为航空航天领域的客户提供技术设计和服务。到1998年底，公司已有了相当的规模。

在与强实时控制系统客户群体和航空航天领域客户接触的过程中，大家经常谈的是高可靠处理器的选择，冗余技术的设计，高性能、高可靠、长寿命的设计指标，智能控制算法及系统架构。可是，

2004年，颜军在维也纳

高可靠计算机平台应当选用哪种主控处理器芯片，大家心中没底。

颜军投入了大量时间，分析调研高可靠计算机平台采用处理器的架构，发现可供选择的高可靠处理器并不多。西方航空航天各机构在不遗余力地投入巨资研制高可靠处理器，核心高可靠、高性能处理芯片，尤其是片上系统（SOC），成为航天大国激烈竞争的核心技术和领域。

考虑到模糊控制算法的硬件化及嵌入式应用的前景，颜军感到有必要启动专用芯片的设计。为此，颜军经常到发达国家去考察嵌入式处理器及智能控制技术，与行业内先进的公司或个人建立友好合作关系，与同事们深入探讨设计高可靠处理器的可行性。

拜访LEON系列芯片的设计师JIRI先生

研究越多、分析越深，颜军越了解到高可靠处理器难以在短时间内设计出来；芯片对资金投入的需求，也是难以解决的问题之一。对于控制周期为5毫秒的控制系统，为快速地实时计算处理模糊控制算法、制导系统固有的矩阵求逆及复杂的微分方程，大家最多采用FPGA平台设计实现部分功能。

当时，系统的设计及实现的难题，基本是出在处理器芯片上。为按时完成客户交给的智能控制高可靠计算机平台项目，当时颜军及团队决定采用法国TEMIC公司生产的SPARC V7处理器来设计主CPU板。经过这个过程，大家更加认识到高可靠处理器的重要性。

至此，颜军对于高可靠计算机平台的高性能、高可靠、长寿命的设计理念体会更深了，更加下定决心：“设计自己的高可靠处理器！”实现了颜军心中的一个理想。

6

珠海创业，『天时地利人和』

“沿着这个方向干，你们公司一定会成为一个了不起的公司。”这是当年珠海市委书记黄龙云考察欧比特时鼓励的话语。每当想到黄书记当年这句鼓舞人心的话语，颜军总感到心里热乎乎的。

决定回国，面对更大的市场

除了不断开发模糊控制算法及高可靠计算机平台，颜军及其团队也在将嵌入式控制技术拓展到智能家居。颜军公司设计的智能电话空调遥控器，在20世纪90年代，是高档空调的必配产品，是智能控制的具体应用。有一天，颜军突然发现，公司60%以上的业务都来自国内，而且有快速增长趋势。

这一年，颜军敏锐地察觉到，国内的市场已经超过了他的想象，这应该是回国创业的一个好机会。

另一方面，颜军在研制高可靠控制器的过程中，意识到高可靠高性能处理芯片是航天大国激烈竞争的核心技术。但当时国内还处于空白，对于片上集成技术，尤其是高可靠片上系统（SOC）处理器芯片，需求非常强烈。

考虑到航空航天行业的特点，技术是买不来的，我国航天也不可能长期依赖于进口，自主、可控、国产化就成为中国航空航天发展追求的目标，这让颜军坚定了回国创业的想法！

颜军在欧洲

颜军及团队没有放弃这个理想，不断投入精力研究分析高可靠嵌入式芯片，寻找比较理想的高可靠处理器架构。他一直在构思，在寻找一个合适的机会。

无巧不成书。就在颜军一心想着如何回国创业以及在哪里开始创业的时候，中国驻加拿大领事馆的杜参赞向颜军推荐了珠海。

1998年冬天，当时加拿大多伦多正处于冰天雪地中，颜军第一次来到珠海，就被珠海春意盎然的景色和优惠的投资政策所吸引了。在珠海市科学技术委员会（简称科委）领导的安排下，颜军拜访了格力电器等知名企业，看到了企业快速发展的步伐，感受到了广东人干事情的大气、决心和气魄。

珠海，这个原本只是颜军脑子里的一个南方城市的地名，顿时以自己得天独厚的优势深深地印在了颜军心上。

当时，珠海市政府大力吸引留学生回国创业，专门设立了留学生产业园，支持软件和集成电路的研发。政策的扶持、领导的真诚、秀丽的景色、淳朴的民风，让颜军心动不已。

珠海市科委的卓家伦主任当年对颜军说："你回来到珠海干，你是留学生，我们有一个优惠的税收政策'两免八减半'。市科委将全力支持你！"

颜军落户珠海后，卓主任一直关心着企业的发展，珠海市科委给予了大力的支持。珠海的各级领导，给人的感觉就是实干、真干！

2000年初，颜军毅然决定到珠海定居创业。至此，在珠海这座四季如春的海滨城市，即将诞生一个商业宇航科技公司——欧比特。

"睡意朦胧的星辰，阻挡不了我行程，多年漂泊日夜餐风露宿，为了理想我宁愿忍受寂寞，饮尽那份孤独；抖落异地的尘土，踏上遥远的路途，满怀痴情追求我的梦想……三百六十五里路呀，越过春夏秋冬；三百六十五里路呀，岂能让它虚度；我那万丈的雄心，从来没有消失过，即使时光渐去依然执着，自从离乡背井已过了多少，三百六十五日。"

文章当年的一首歌曲《三百六十五里路》唱出了海外游子们的心声。

2000年3月，在海外待了近12年的颜军，终于从加拿大飞往了珠海："珠海，我来了……"

“大厦不能建造在沙滩上”

从20世纪跨入2000年时，全世界都在为“千年虫”而焦虑。信息安全，成了许多人关注的事情。

国内相关部门认识到发展信息产业的重要性，除原先的科技部之外，国务院专门成立了工业信息化部，从各个方面来对信息产业进行布局，以促进国家信息产业的发展。但是，当时国内信息产业的形势不容乐观：纵观个人电脑使用的CPU，基本上是被Intel或AMD控制着。手机嵌入式处理器，国产的没有；工业控制微处理器，清一色是进口的；航空航天领域的主控芯片，基本上也是进口的；再看看个人电脑使用的操作系统，以微软的Windows或苹果公司的封闭式OS为主；支撑嵌入式处理器的操作系统，也是进口的。全球的芯片和操作系统几乎都掌握在几个极具国际影响力的公司手里。除欧美日韩外，不仅是中国，其他国家和地区也面临着同样问题。

因此，在操作系统领域，有的工程师推出了开源代码的Linux桌面式操作系统。在嵌入式芯片领域，有的学者推出了各式各样的开源代码的RISC处理器架构及接口模块IP，试图与Intel、AMD及Motorola等平分天下。这对于信息行业的发展起到了积极的推动作用。

尽管如此，当时我国依然缺少国产化的处理器芯片，也缺少国产化的操作系统。对此，有的专家痛心地说道：“我们现在是处在‘缺芯少魂’的状态，我们的信息产业大厦是建造在沙滩上的，没有基础。”

我国政府和专家有着清醒的认识，针对这个局面，国家相关部门提出：“我们必须攻克芯片技术，必须拿出自己的操作系统，我们的信息产业大厦不能建造在沙滩上。”

2000年，珠海经济特区迎来了20岁生日。也就是在这一年的3月，留学归来的颜军博士在珠海正式创办了软件企业“欧比特（珠海）软件工程有限公司”，也就是后来行业内有名的“欧比特”公司。

颜军关注国家的发展规划，了解市场的需求，也清楚自己发展的定位。在公司初创时，颜军决心还是基于嵌入式智能控制技术、嵌入式操作系统等搞软件开发，继续研制高可靠计算机平台系统，快速推出嵌入式操作系统，这是国家鼓励企业研发

颜军与星载计算机专家王国良

的方向，也是颜军熟知的行业，具备客户基础。

公司精心组织研发技术人员，一方面继续为客户完成高可靠计算机平台(OBC)系统的设计，在航空航天领域不断拓展，针对卫星、飞行器、特种装备等应用需求，采用国际上成熟的高可靠处理器，不断推出高可靠计算机平台产品；另一方面，集中精力开发完善嵌入式操作系统（EOS），以满足不同高可靠计算机平台系统、不同嵌入式处理器对操作系统的需求。

但是，高可靠宇航处理器技术产品，一直被国际巨头所垄断，进口受到严格控制；有时因为一些理由，就可能受到进口限制，严重影响公司发展的步伐。

大家都意识到，欧比特公司必须做出自己的高可靠高性能处理器芯片，才能真正地摆脱受制于人的局面。

在项目启动之前，颜军及管理团队非常慎重，公司技术人员外出调研，与合作伙伴沟通，向航空航天的总师及专家请教，在处理器架构、技术指标、集成度、软硬件支持等方面展开论证。其间，公司向珠海市科委领导及相关部门做了汇报，得到了专家们的支持。

最终，嵌入式处理器芯片项目得以启动，公司与哈工大等研发机构展开紧密合作，S698嵌入式处理器芯片也于2003年5月推向市场。这种芯片的研制成功填补了国内空白，打破了国外对于高可靠宇航处理器技术产品的封锁，为欧比特公司在其后的十几年时间里推出系列化高可靠高性能单核、多核宇航处理器芯片奠定了坚实的基础，对提高我国高可靠计算机平台技术水平意义重大。

“我特别幸运选择了珠海，得到了珠海市政府长期的支持和帮助。”颜军很珍惜珠海，这是创业的沃土。

航天部门领导来访欧比特

珠海市政府一心一意地引领产业发展，服务企业，目的就是要让企业自己发展起来，把企业做大做强。很多像欧比特这样的企业，就是在珠海市政府的支持下，一步步成长、发展、壮大起来的！

珠海是创业的福地

在珠海工作生活了二十年，颜军感受到这里点点滴滴的变化，见证了城市的发展变迁，有幸参与了这个经济特区的建设，也得到了当地人民的大力支持和帮助。

这也是颜军把欧比特的卫星星座命名为“珠海一号”的原因，因为他总觉得自己欠珠海人民很多，要是不做出点成绩来，内心感觉真的对不起珠海人民。用城市来命名卫星星座，向全世界宣示广东珠海的美好，向全市人民表达感谢，这也是中国有史以来民营上市公司第一次用城市来命名的卫星星座。

对于在珠海的这二十多年的创业发展，颜军没有什么豪言壮语，他将这都归功于珠海：“我们很幸运来到珠海创业，得到了各级领导各个部门的支持；公司感恩于专家院士团队对我们的指导和帮助，让我们在每个领域都做得精做得深。公司的发展得益于优秀员工的付出和贡献，员工们都非常努力，大部分刚来公司时是应届毕业生，但现在他们都长大了，成为欧比特的骨干精英。这几年最值得骄傲的是，我们管理团队找准了研发方向，在高可靠宇航芯片、卫星星座及大数据、人工智能等领域积极布局，走在行业的前列，为公司的茁壮成长奠定了基础！”

一个企业的发展，离不开当地政府的政策引导和支持。

欧比特在珠海刚起步时，珠海市为欧比特公司在南方软件园留学生产业园提供了良好的办公研发环境，领导们经常到公司来，看看企业有什么困难，遇到问题马上解决。

公司投入人力在嵌入式操作系统、高可靠计算机平台系统及嵌入式芯片领域进行积极研发，市科委在项目把关及评审中给予了大力支持。

有一年，时任珠海市委书记黄龙云到欧比特公司考察，那天颜军恰巧出差在外。黄书记仔细地听完柯龙涵副总的介绍，现场就高可靠计算机平台、嵌入式智能控制技术、嵌入式操作系统、研发布局及产业应用等提出了一系列问题，柯副总一一做了回答。当时，嵌入式芯片项目还没有启动，但柯副总也汇报了这个想法。

欧比特公司参加2012年珠海航展

“沿着这个方向干，你们公司一定会成为了不起的公司。”这是当年黄龙云书记考察欧比特时鼓励的话语。

黄书记的这句话，一直是颜军和欧比特人前进的目标和动力。

2010年2月，欧比特在深圳创业板成功挂牌上市，成为创业板第一家IC设计公司上市企业。

在颜军的记忆中，每当欧比特遇到困难，只要向园区领导提出来，就可以很快得到解决，办事效率特别高。

当年欧比特刚在珠海高新区创立时，只有三十多人，面临资金缺乏、人才不足等诸多困难。在后期研制嵌入式处理器芯片时，政府除了项目把关之外，还牵线搭桥让欧比特与投资者接触、与有实力的企业联合。

后来欧比特需建设研发及测试中心厂房，政府又给予大力支持。珠海市政府构建的中小企业社会化服务体系，建立了金融协作、公共技术、信息化建设、创业辅导、法律援助和市场开拓服务平台，受益的不仅仅是欧比特一家企业，还有很多成长中的小微企业，它们得到扶持后，在高新区快速地发展起来。

发展一个产业，带动一方经济，珠海市政府开明、开放的理念吸引了很多高科技企业入驻高新区。

珠海高新区的南方软件园于1998年1月破土动工，拉开了珠海高新企业大发展的帷幕。

到2017年，珠海南方软件园以富有活力的创新创业及杰出的孵化成果荣获了“中国最具活力软件园”称号。珠海作为经济特区，见证了改革开放四十多年的非凡成就。

珠海高新区是改革开放发展四十年的一个缩影，更是改革开放40

年非凡成就的历史见证。

颜军当年选择了珠海，是因为珠海市政府对企业无私的支持和帮助。欧比特一步步地走到今天，成为国内首屈一指的民营宇航公司，珠海市政府功不可没。

然而，没有谁能随随便便成功。不经风雨，又怎能见彩虹？为了成为一家了不起的公司，欧比特在珠海一路风雨、一路高歌，在“芯征途”的道路上可谓是一波三折、好事多磨。

那些年，我们走过的“坑”

珠海高新区的南方软件园是1992年12月经国务院批准成立，1993年3月由国家科委（现科技部）授牌并进行动态管理的国家级高新区，由南屏科技工业园、三灶科技工业园、新青科技工业园和科技创新海岸组成。

2006年7月，市委、市政府对珠海高新区和唐家湾镇做出“区镇合一”的体制调整，在唐家湾地区设立主园区。2015年9月，国务院又正式批复，同意珠海高新区建设“国家自主创新示范区”。

截至2019年，珠海高新区正式形成一区多园格局，即唐家湾主园区、南屏科技工业园、三灶科技工业园、新青科技工业园、富山科技工业园、航空产业园以及横琴高新技术园和科研研发园等，总面积达369.34平方千米。

其实，欧比特在2000年下半年刚入驻南方软件园留学生创业园时，入驻园区的企业并不多。欧比特是第一家进驻留学生创业园的企业。

2000年，颜军38岁。那一年，颜军并没有想到去设计制造发射卫星和搞卫星大数据，除了继续研制高可靠计算机平台和嵌入式操作系统、计划启动嵌入式处理器芯片、满足航空航天客户需求之外，身处广东这个经济蓬勃发展之地的颜军和欧比特公司，也时刻受到来自其他市场的许多诱惑。

事隔多年后，每当颜军与大家分享创业经历时，也会笑谈自己当年经受不住诱惑走过的那些“坑”。

2001年，欧比特还在全力研制高可靠计算机平台系统和嵌入式操作系统，当时也有投资者经常光顾公司，商谈投资事宜。在交谈的过程中，这些投资人善意地提醒颜军及管理班子：“你们要考虑千家万户老百姓可以使用的技术产品，这样市场容量大，公司发展也会快得多。”说得颜军和管理团队有点心动。

那个年代，大众的通信手段还是以固定电话和BP机为主。手机的主要功能是语音电话和短信，属于奢侈品，基本以商业群体人士使用为主。当时固定电话智能化程度不高，尽管少量电话机带有信息显示屏，但大部分电话没有这个配置。

困扰大家的问题就是：当主人不在时，是否允许对方发短信过来？能不能有个智能装置，把对方发来的信息存储起来等主人回来后可以在显示屏上显示出来？大家把它设想为“固定电话短信显示系统”。

当年，适逢有个做外贸的老板，找到公司商谈合作固定电话短信显示系统开发事宜，也就是开发一个带有液晶屏的信息存储及处理模块，配置到电话机上。

据这个老板介绍，东南亚几个国家对这个系统非常感兴趣，市场是确定的，他拍着胸脯说如果能研制出来，出口订单他就全包了。当时，意向订单每年数百万台。

欧比特公司也调研了国内市场，城镇大多数家庭和单位都有座机，感觉需求明确，固定电话市场保有量巨大，市场有潜力。当时唯独对手机的飞速发展估计不足，也没有意识到后来很快就进入“人手一机”的手机时代。

面对这个市场“机遇”，颜军及管理层动心了，决定先做出口型的产品。颜军带领团队日夜奋战了几个月，终于做出了“固定电话短信显示系统”。可是，公司期待的出口订单迟迟没有落实。国内方面，随着手机的大量普及，座机市场愈来愈萧条，智能手机市场愈来愈兴旺，“固定电话短信显示系统”从一开始就注定了自身的命运。

这个“坑”让大家明白了，当你看好一个市场时，必须关注其他技术对这个市场的冲击。市场消失时，没有人提前跟你打招呼！

另外一个“坑”是桌面式操作系统Orbita Linux OS。

那个年代，芬兰工程师Linus先生率先推出了LINUX操作系统，其后经过不断完善及升级换代，Linux OS操作系统也受到全世界工程师的青睐。在许多嵌入式控制系统开发过程中，工程师更喜欢在Linux操作系统下开发调试应用程序。

欧比特在研制嵌入式操作系统EOS时，对与其配套的集成开发环境IDE做了大量研发完善，该IDE也可以运行于Linux操作系统环境。在研发使用过程中，随着研发的深入，大家感到对于桌面式操作系统，Linux这个操作系统可以替代微软的Windows软件。因此，在技术上，公司加大了对Linux操作系统，尤其是对图形界面的开发。公司也经常把自己开发的桌面式操作系统Linux OS送给客户试用，大家对欧比特这个桌面式操作系统产品评价不错。

2000年，笔记本电脑比较昂贵，各个单位基本上采购台式电脑，每台电脑标配的操作系统是微软的Windows，办公软件基本就是微软的Office。微软软件产品一统天下，几乎占据了中国个人电脑的全部市场。

那时国内的好多软件公司大概也算了一笔账，认为中国如果有三亿人口使用国产化操作系统，即使每台电脑只收十元钱，也是三十亿的市场。

当时，正是国家非常重视软硬件国产化的时候。

国内也在开发基于Linux的国产化操作系统，进行了大量的研发投入，实现了汉化及图形界面等，并推出了一个叫“红旗”Linux的品牌，在使用习惯上让客户感觉与微软Windows差不多。大家很兴奋，以为操作系统国产化的时代已经到来了。

在当时看来，桌面式操作系统和办公软件市场潜力非常大，非常有诱惑力。想是这么想的，但是真正实施起来完全是两回事。

在欧比特研发推广Linux操作系统的过程中，颜军很快就发现了一个严峻的问题：说好的市场，到底在哪里？

始创于1975年的微软公司，已经在行业内建立了一个完整的生态圈，有相当成熟的稳定市场。而欧比特当年只是一家刚起步的小公司，根本没有建立任何可以推广软件产品的生态圈！开发的操作系统再好，也得面对与PC硬件厂商、第三方软件兼容支持的问题，也得面对如何满足大家的使用习惯的问题。这个研发桌面式操作系统的尝试，也以失败而告终。

每个成功的现在，都有个失败的过往；每一段风光无限的岁月，都先有一段黑暗的崎岖之路。天将降大任于斯人也，必先苦其心志，劳其筋骨，饿其体肤，空乏其身，行拂乱其所为……

通过这次失败，颜军明白了一个道理："干不擅长的事是不行的！要干自己专业的事！老想吃'快餐'是没门的，必须老老实实地埋头苦干，有效地建立适合自己的产业发展的生态圈，公司才能活下去。"

"失败是失败之母，成功才是成功之母。"两次跳进"坑"的经历，使颜军和公司高管彻底理清了发展企业的思路，大家一致决定，坚守本业，踏上"芯征途"！

7

打破垄断，欧比特的『芯征途』

在公司艰难的时候，颜军回到了母校哈工大向叶以正老师求援。叶老师很快就组建了芯片项目团队，一部分在哈工大本部研制，一部分去珠海欧比特现场工作。2003年5月，世界上第一块基于SPARC V8处理器架构的“嵌入式S698芯片”在欧比特成功面世。

“缺芯少魂”催生的创新之路

21世纪之初，“缺芯少魂”的现状使中国制造业不得不一分一厘地计算微利。上至国防高科技，下至民用家电，大部分芯片不得不依赖国外，国内的制造业发展由于“缺芯少魂”受到了很大制约。中国要想打破欧美的垄断，就需要自主创新研发出自己的芯片。

欧比特对嵌入式处理器芯片的理解不是一朝一夕，而是在工作中体会到：要想不受控于国外，就需要做出国产化芯片。颜军把研发嵌入式处理器芯片这个多年来未了的心愿提上了工作日程，在公司上下统一思路，专注于研发嵌入式处理器。

然而，刚从桌面式操作系统软件开发这个“坑”里跳出来的颜军，会不会再次掉进另一个“大坑”？因为这个“芯”的研发决定，对于一家缺资金缺人才的民营企业来说无疑是巨大的挑战！

此话怎讲？让我们先简单了解一下芯片的设计制造及应用。

如果把中央处理器CPU比喻为整个电脑系统的心脏，那么主板上的CPU芯片就像身体的一部分。对于主板而言，CPU芯片几乎决定了这块主板的功能，进而影响到整个电脑系统性能的发挥。因此，可以说CPU芯片是主板不可或缺的。

芯片在工业制造上简直无所不能：小到手机，大到航天飞机，都需要芯片。芯片被广泛应用于电脑、手机、电视、人工智能等产品上。

一块小小的芯片几乎体现了一个国家的工业发展水平，可以说是工业食粮。而在我国国产化芯片不多时，大部分芯片几乎都依靠进口。如果其他国家停止出口芯片，那么对我国的工业、商业等各个行业的冲击是非常巨大的。所以，国内自改革开放以来就一直致力于芯片产业的布局，科研单位也在不断研发芯片，但是进度一直不尽人意。

世界第一台计算机用了18 000个晶体管，占地170平方米，重达30吨，每秒可以进行5 000次运算。而现代的CPU只有指甲大小，里面有几十亿甚至上百亿个晶体管，每秒可以进行几十亿次或更高速度的运算！

芯片设计最难的是实现超高集成度，要在指甲盖大小的空间里，置入上百亿个半导体元件，每个元件都是纳米量级。要知道英特尔研发部门有数千人，80%以上都是博士，可见芯片研发对人才要求之高、技术难度之大。

此外，芯片制造也很难，因为尺寸太小，需要通过多工序的特殊工艺加工，俗称“光刻”。而目前世界上能做光刻机的厂商屈指可数，一台光刻机售价高达数亿美元，价格昂贵还供不应求，时常受到出口限制。

芯片从研发到批量化生产，花数年时间都是正常的，这期间需要的研发费用巨大，国外高端芯片厂商的研发费用都是天文数字。

目前国内的华为、小米等公司都在研发自己的芯片，一个重要原因是：企业有足够的资金投入，有时间可以等，并能承担这个风险。雷军曾经说过：“芯片行业10亿起步，10年出结果。”投入10亿资金，芯片研发出来，也不能说明成功了。因为从市场角度来看，需要销售几千万甚至上亿片芯片才能收回成本；如果销量不足，会直接导致项目亏损。芯片放到市场上销售，要和英特尔、高通这些巨头正面竞争，是否具备足够的市场竞争力，又将是一大挑战。

正是因为研发芯片面临各种各样的问题，所以国内真正投资研发芯片的公司并不多。

过去，面对马拉松式的芯片研制过程，一些科研人员甚至感觉看不到事业的未来而选择了放弃；部分系统集成商的思维模式也固定在有芯片可用就可以了，不管是进口的还是国产的。也许这就造成了国产化芯片的研发及推广工作举步维艰。

所以，颜军要想研发出高可靠、高性能的嵌入式处理器芯片，无论在时间上、技术上和资金上，对他和欧比特人来说都是一场巨大的挑战。

颜军在工作

如此看来，当年颜军掉进软件开发的“坑”里，也许不是件坏事。因为如果一开始就不计后果去研发芯片，很可能会失败。而刚开始懵懵懂懂、集中精力搞了两年的强实时性的软件开发，对于欧比特后来的芯片设计而言，反倒是一件好事。IC设计行业，软件是基础。

事实证明，欧比特仅靠桌面软件系统或仅靠嵌入式系统去闯市场是难以取胜的。欧比特要真正满足市场的需求，就需要研发处理器芯片，并且要将芯片和配套的“嵌入式软件”绑定在一起才能发挥出它的最大价值！软件，尤其是嵌入式软件，必须与芯片绑定才能创造价值！

静则思，思则变，变则通，通则久。2001年的一天，当颜军决定启动“芯征途”时，感到似乎有一股清流注入心田，让他瞬间如醍醐灌顶……

踏上“芯征途”，与母校哈工大合作

磨刀不误砍柴工。开发桌面式操作系统软件吸取了很多教训，其技术开发的积累给嵌入式芯片研发打下了坚实的基础。

“把一个系统的大部分功能提取出来，制成芯片，光有硬件不行。我们之前一直在研究软件，等到醒悟过来，恰恰是时机成熟之时，也恰恰只有这样才能做到‘软硬’兼备。”颜军认为公司那两年的软件开发没有白费，为后来研制SOC芯片做了很好的铺垫。

嵌入式SOC(System on Chip的缩写，称为片上系统）芯片，是指在单个芯片上实现数据的采集、转换、存储、处理、通信、输入输出等多种功能，其应用可以提高系统级产品的性能和可靠性、高集成度，从而实现小型化、降低成本和复杂性。航空航天领域和工业控制领域的产品小型化的趋势越来越明显，最根本的解决方法就是将超大规模的集成电路小型化、高度集中化，逐渐走向SOC芯片。

高端高可靠高性能处理器芯片，尤其是片上系统（SOC），是航天大国激烈竞争的核心技术和领域。然而，SOC芯片设计是一个技术

林艺及陈毅松博士来访

挑战性非常强的专业，对于数字SOC芯片设计，将涉及总体设计、任务划分、架构算法设计、RTL设计、仿真验证、工艺选择、综合时序功耗分析、自动布局布线、版图生成、测试规范设计、流片生产等流程，每一个流程，都需要配置专业的技术设计人员来承担相应的工作。

当时，欧比特无法将上述所需技术人员在短期内备齐，合作是唯一的选择。

困难的时候，颜军又回到了母校哈工大向自己的老师们求援。哈工大人才济济，叶以正老师是业内著名的芯片设计大师。颜军向叶老师介绍了公司的整体发展规划以及我国航空航天领域对于这种芯片的渴求，希望叶老师能够率队参与这个项目，双方展开全面合作。

叶老师是哈工大计算机系著名的教授、博士生导师，也是中国电子学会半导体学会LSI CAD委员会委员。叶老师德高望重，带领着几个团队在研究芯片的设计，其中就有颜军读研究生时的几个同学，叶水池同学一直在叶老师的团队工作。

对于自己的学生，叶老师厚爱有加。面对国家的迫切需求，他更是展现了一个老知识分子的情怀，竭尽全力地支持芯片项目的研发。很快，叶老师组建的芯片项目团队，一部分在哈工大本部研制，一部分去珠海欧比特现场工作。当时安排于明艳和王进祥带领部分老师和许多优秀的研究生来到了欧比特公司，夜以继日地对芯片进行研究和设计。

当年，欧比特组建了一支平均年龄在二十几岁的年轻工程师团队，与哈工大芯片研制团队紧密合作，开足马力，一年多以后才得以成功。

世上无难事，只要肯登攀。2003年5月，世界上第一块基于SPARC V8处理器架构的“嵌入式S698芯片”，终于成功面世。

颜军和师兄、哈工大原校长王树国在一起

第一块S698处理器芯片诞生

S698处理器芯片是一个32位RISC嵌入式SOC芯片，其架构采用SPARC V8处理器标准，集成了片内总线和大量的与宇航控制相关的片上外设。这个芯片验证了许多核心技术，填补了中国在宇航控制处理器芯片领域的空白，也为欧比特后来推出系列化芯片，从单核到多核、从100MIPS到3 000MIPS信息处理能力的高可靠宇航芯片技术产品奠定了基础。

2003年5月欧比特推出的第一块S698处理器芯片，突破了国外的技术产品垄断和技术封锁，欧比特也因此获得了国家和行业的认可，在行业内有了一席之地。

为此，《光明日报》在2003年5月13日以《世界第一块32位S698处理器芯片问世》为题做了报道：世界上第一块SPARC V8系列专门应用于嵌入式实时领域的32位S698处理器芯片，经过国内20多名技术专家历时一年半的顽强攻关，近日在珠海国家软件产业基地留学生创业园欧比特（珠海）软件工程有限公司一次性流片成功，并通过运行

光明日报

GUANGMING DAILY 2003年5月13日 星期二 今日12版

农历癸未年四月十三

网址：http://www.gmw.com.cn 国内统一刊号 CN11-0026 第19497号（代号1-16）

“中国芯”领跑世界嵌入式处理器芯片

世界第一块32位S698处理器芯片问世

本报珠海5月12日电（记者杨连成）世界上第一块SPARC V8系列专门应用于嵌入式实时领域的32位S698处理器芯片，经过国内20多名技术专家历时一年半的潜心攻关，近日在珠海国家软件产业基地留学生创业园欧比特（珠海）软件工程有限公司一次性流片成功，并通过运行测试。

上个世纪80年代以来，嵌入式处理器芯片技术从美国Intel公司的X86、Motorola公司的68K两大系列分割天下，到近年来法国TEMIC公司SPARC V7系列的成功超越，各国精英都在奋力抢占嵌入式处理器技术的制高点。

主持设计和研制这一技术的欧比特（珠海）软件工程有限公司总裁颜军博士告诉记者，32位S698处理器芯片由中国人自己设计研制，这款内嵌64位浮点运算器是世界第一个登上SPARC V8系列嵌入式处理器芯片领域制高点的高端产品，芯片主频达133MHZ，支持Linux、RTEMS、ORION等操作系统，具有流水线处理结构，集成度高等特点。

据悉，S698是继国内“方舟”、“龙芯”、“众志”处理器芯片之后，又一具有高技术档次和自主知识产权的“中国芯”家族新成员，它的设计研制和运行测试成功，标志着世界嵌入式芯片技术在实际工程应用方面取得了重大突破。中国的SPARC V8系列处理器S698芯片将为国防和工业控制信息化提供可靠、高稳定性、高集成度和长寿命的“心脏”，为嵌入式计算机产业带来新的活力。

《光明日报》报道

测试。

32位S698处理器芯片由中国人自己设计研制，这款内嵌64位浮点运算器的处理器芯片，是世界第一个登上SPARC V8嵌入式处理器芯片领域制高点的高端产品。据悉，S698处理器芯片是继国内“方舟”“龙芯”“众志”处理器芯片之后，又一具有高技术和自主知识产权的“中国芯”家族的新成员，它的设计研制和运行测试成功，标志着世界嵌入式芯片技术在实际工程应用方面取得了重大突破。

2003年，时任广东省省长黄华华莅临公司视察

中国的SPARC V8系列S698处理器芯片将为国防和工业控制信息化提供可靠、高稳定性、高集成度和使用寿命更长的“心脏”，为嵌入式计算机产

2003年S698鉴定会上，颜军向梁思礼院士汇报

业注入了新活力。

2003年7月，在北京专家对“32位SPARC 架构宇航S698处理器芯片”进行鉴定的会议上，欧比特公司和哈工大联合研制的科技成果得到了以张履谦院士、梁思礼院士为首的鉴定委员会专家的一致肯定和高度评价，他们认为：“S698处理器芯片达到国际同类产品先进水平，部分性能指标已超过国际同类产品，填补了国内空白。”

S698的面世，说明我们中国人有能力设计出嵌入式SOC芯片。

世界第一块嵌入式宇航SOC芯片在欧比特研制成功后，主动找欧比特合作的科研院所也慢慢增多。随着更多媒体的关注，欧比特的名字也被更多的业界专家学者所熟知。

欧比特的“芯”与地面计算机或服务器使用的通用CPU不同。欧比特的“芯”是嵌入式处理器芯片，它是针对应用需求而量身定做的，为降低成本必须平衡集成度和功能模块，必须考虑速度、功耗、稳定性、可靠性等诸多因素。

“芯征途”是一步一个脚印走出来的，不可能一步登天。

其后的数年里，颜军带领欧比特公司，从S698系列化宇航芯片的自主化设计入手，开辟并掌握SPARC V8处理器芯片的核心技术，确立了我国宇航SOC芯片发展的技术路线，创新了片上系统IP设计的方法及宇航SOC芯片全正向设计技术。其宇航SOC芯片设计具有自主知识产权，产品性能指标达到并部分超过国际同类产品，填补了我国在宇航芯片方面的空白，为我国航空航天工业在国产化宇航SOC芯片方面的创新发展开辟了道路。

2004年，梁思礼院士赴公司视察

“芯征途”的艰难岁月

第一块宇航SOC芯片的研制成功，使欧比特公司的S698处理器芯片走进了“中国芯”的家族。但是，资金问题一直是中国IC设计企业发展的瓶颈。那时欧比特还没有上市，公司也缺少资金。到了

在中山大学探讨合作

2004年底，欧比特庞大的芯片研发计划需要更多的资金，颜军及管理团队到处寻求融资。大家意识到，开拓多元的融资渠道才是IC设计企业发展的长久之计。

2005年初，欧比特又有几种芯片研发完成，规模化生产后市场反响不错，资金不足压力稍得缓解。

机会总是留给有准备的人。到了2007年，欧比特引进了上海联创永宣创业投资企业等风投，融资数千万人民币，这对于当时资金不够宽裕的欧比特来说，无疑是雪中送炭。

每一家企业，都曾走过一段艰难岁月。

芯片的研发过程是非常枯燥单调的，工程师们除了编程就是测试。过程很煎熬，但当一群志同道合的人为了共同目标在一起时，就为每天重复的枯燥工作赋予了伟大的使命和意义：为了让宇航芯片不再受制于国外，为了国家的未来而战！

当肩负着这样伟大的使命时，工程师们哪怕再辛苦也不觉得苦了。特别是付出几年后，大家亲眼看到芯片在一个系统里运行起来，带动一个程序跑起来的时候。这一刻，他们所有的汗水都会化成自豪，所有的辛苦都会烟消云散！

“我们毕竟从事了一个对可靠性要求奇高的行业，工程师的工作就是去解决一个又一个问题。有时发现一个问题需要花费两三年甚至更长时间，而解决问题就是一瞬间的事。我们能体会到这一瞬间的惊喜和成就感，这就是我们工作的价值。”在欧比特负责SOC芯片设计的宇航电子研发部唐芳福副部长如是说。

芯片研发一旦与航空航天工业相关联，从事这个对可靠性无限追求的行业必然会付出很多。有的人牺牲了陪伴家人和孩子成长的时间，甚

颜军向刘永才院士做汇报

至有的人没有时间去谈恋爱成家，还有人一年到头也难得回家去看望一次父母……选择了做航天人，就是选择了长期吃苦、长期奉献。

自2003年推出第一款嵌入式宇航SOC芯片后，欧比特就针对客户需求对系列化芯片产品的发展路线做了详尽的规划。然后依据研发计划，马不停蹄地推出从“单核”到“多核”的系列化技术产品，引领了SPARC V8宇航处理器SOC芯片的发展。

在这个过程中，颜军对于中国航天机关及各个院所的支持心存感激，当时如果没有这些院所的大力支持，没有他们的需求牵引，没有他们的严格考核，没有他们对欧比特创新的鼓励和支持，那么，就不可能有后来的宇航SOC芯片。

2007年，时任航天科技集团总经理王礼恒院士来公司视察

欧比特公司做了哪些技术创新呢？欧比特公司创立了提高宇航SOC芯片可靠性设计的有效方法，以抗辐照加固等核心技术突破宇航SOC芯片

可靠性瓶颈。在S698系列芯片中，采用“三模冗余（TMR）”和“检错纠错（EDAC）”的容错机制进行加固设计，从根本上提高了宇航SOC芯片的设计可靠性，奠定了国产化宇航SOC芯片的发展基础。

欧比特还创立了多核并行处理宇航SOC芯片的发展策略，对宇航总线包括1553B、ARINC429等总线IP进行优化设计，形成了多项发明专利，在整体上提高了国产化宇航SOC芯片的集成度和性能，引领了我国宇航多核高性能处理器的研制方向，设计了处理能力最强的SPARC V8宇航SOC芯片，加速了国产化宇航SOC芯片的产业化进程。

2010年，计算机年会颜军发言

多核并行处理是解决处理器主频提高受限的方法之一。欧比特率先研制了高端多核并行处理宇航SOC芯片的技术架构，并推出了处理能力高达3 000MIPS的宇航多核SOC芯片

S698PM，在性能上超越了国际先进水平。

值得一提的是，欧比特在“芯征途”上得到了各级领导、许多专家的指导，他们从各个角度来指导欧比特解决工程中的实际问题。2007年，根据客户的需求，欧比特启动了立体封装“微系统芯片”（SIP）的设计及工艺攻关。为此，从2007年到2013年，为了研发立体封装“微系统芯片”，欧比特的芯片研发团队又艰难跋涉了七年。

十年芯征途，点燃“星希望”

欧比特从2006年就开始关注“SIP 立体封装”技术，2007 年投入研发力量进行技术攻关。到2010年，欧比特建成了亚洲第一条符合宇航标准的“三维立体叠装封装生产线”，创造了计算机系统模块（SIP-OBC）、大容量数据存储器（SIP-MEM）、复合电子系统模块（SIP-MCES）等先进的宇航级产品，推出了型谱化的SIP产品，实现了高端宇航SIP元器件/微系统的自主可控、国产化、高可靠、高性能、小型化的设计生产目标，解决了“立体封装”过程中的关键设计及工艺技术问题。

2011 年，欧比特开始批量生产大容量数据存储器（SIP-MEM）产品，在产品设计、工艺设计、封装生产方面真正实现了自主、可控，已形成SRAM、SDRAM、NANDFLASH、NORFLASH、MRAM、EEPROM、DDR七大系列近一百款型号的产品，产品已广泛应用于航空航

欧比特宇航电子芯片生产线

颜军与李付海、黄旭在北京展览会上

天领域。

2012年，欧比特针对客户对系统小型化的需求，开发出“立体封装”计算机系统模块（SIP-OBC）和复合电子系统模块（SIP-MCES）。至今，已为多家单位定制开发了小型化微系统模块。

2013年，欧比特荣登“中国SIP市场年度成功企业”。欧比特公司创立了电子微系统在SIP立体封装体的设计理念，先后研制生产了上百款宇航型号急需的宇航SIP微系统技术产品，满足了型号要求，打破了国外的技术垄断。

欧比特公司注重宇航电子及先进飞行器的科研、生产、测试等方面基础条件的建设，先后建成了集成电路EDA设计平台、SIP立体封装数字化生产线、SOC陶瓷封装生产线、数字化电装生产线；SOC芯片自动化测试平台、SIP自动化测试平台；AIT车间；环境试验中心、EMC/EMI环境实验室。

欧比特在宇航电子业务的发展历程中，注重与行业内领先的科研院所及企业开展紧密合作，重视与国际研发机构的交流合作，在业内赢得了良好声誉。

从2003年第一块嵌入式芯片诞生，到2013年实现立体封装微系统芯片产业化，欧比特整整走过了十年的艰难岁月，终于走上了一条“星

与西班牙TLC公司总经理合影

光大道”。

十年“芯征途”，点燃“星希望”。航空航天以安全性、可靠性和成熟度为第一，国产化芯片要应用到型号中去，必须走一个完整的地面测试流程，等一切都准备就绪后，再上天进行小批量应用验证，之后才是大批量应用。在布局卫星大数据产业之前，欧比特多年来一直在潜心研制高可靠、高性能处理器芯片和微系统。

十年来，欧比特研发的部分芯片早已在卫星上得到应用并在太空飞行。但是，为解决芯片太空验证等待时间太长的问题，欧比特需要寻找高效的途径来考核。

航天科技集团李锋总师视察生产线

仰望星空，欧比特人感到自豪。可是IC设计师仍然感觉太空验证等待的时间太长，产品应用速度没有达到预期，尤其是在重大型号任务中的批量应用。

“既然芯片已应用在卫星上，我们对自己研制的宇航产品充满信心，那么如何加速太空验证过程？我们可否自己造太空航天器，比如微纳卫星，来搭载自己的芯片上太空，加速推进对宇航芯片在太空的考核及应用步伐？”这是当年颜军一直在苦苦思考的问题。

当时，芯片式卫星概念刚刚推出。有人提出，我们应该做芯片式卫星，把我们认为需要马上考核的芯片设计到芯片卫星系统中，发射到太空中考核；也有人提出，与大学或科研机构合作，把我们的待考核的芯片设计到深空探测器中，在空间环境更加恶劣的深太空中考核我们的技术产品。

有了这些想法，大家很乐观积极地去调研，但却得出结论：纯科学试验可能行不通。

因为不管是卫星还是深空探测器，占用其通信频点，需要交费。卫星或深空探测器发射，需要国家相关部门批准，且发射服务费用不低。卫星运行控制，需要专业团队；卫星数据接收，也需要建立自己的卫星地面站。面对这一系列的问题，又怎么可能去考虑投资效益？很多人认为，一家民营企业去发射卫星，怎么可能？

如何加速太空验证过程？可否自己造太空航天器？此时，颜军仿佛在夜空中看到了“星希望”。

8

商业航天，欧比特的『星梦想』

十几年来，欧比特的产品早就已经在太空翱翔了。当国家号召民间资本参与航天，推进商业航天发展时，颜军陷入沉思：“欧比特为什么不能尝试自己设计卫星星座、研制卫星、发射卫星、运营卫星呢？”

中国商业航天的新纪元

如果说卓越的人物才能创造非凡的功绩，倒不如说沧桑岁月的疾风骤雨可以打磨出一个顶天立地的汉子。前面我们追溯了颜军的学生时代，他从小勤奋刻苦，热爱学习，走过了本科、硕博研究生、博士后各个阶段。几十年来，颜军从学校到工作再到创业，只要是决定要做的事情，他一定会全力以赴做到最好。

自从在珠海创办了欧比特之后，颜军就一直带领欧比特技术团队为着一个理想在拼搏，使研发的产品得以服务于我国航空航天领域。

相比其他产业，商业航天产业是一个典型的高投入、技术挑战性强、技术带动性强，但投入产出比相对高的产业。颜军还记得在1986年时，国家在政策上对商业航天就已经开始积极推进。

1986年，一批老科学家鉴于美国提出的星球大战计划，呼吁要追赶世界高新技术，为此国务院组织了全国200多位科学家进行了大半年的论证。

1986年10月，中共在批准“863”计划的同时，决定拨出专款

100亿元实施这一计划，这个数目远远超出科学家们的预想。航天技术是“863”计划《高技术研究发展计划纲要》七大领域中的第二领域，“863”计划的100亿元经费中有40亿元用在航天领域的项目上。

这给颜军留下了深刻的印象，1986年颜军已进入中国航天领域，那时他刚刚工作一年多，还是年轻的“航天人”。

航天产业是当今世界最具挑战性和广泛带动性的高科技领域之一，也是高科技群体中对现代社会和国民经济发展最有影响的产业之一。看似遥远的航天科技，其实和我们的生活息息相关。

有专家介绍说，卫星升空40多年来，人类的发明创造超过了过去2000年的总和。研究统计表明，航天产业的直接投入产出比约为1：2，而相关产业的辐射则可达到1：8至1：14。阿波罗登月，投入了几百亿美金，它产生的是1：7的收益，相当于一年增加资金数千亿。航天科技工业的技术带动性也很强，我国“两弹一星”大型系统工程的研制、生产和应用，带动了诸如电子、计算机、化工、冶金、材料、机械、特种工艺、低真空技术、测试、控制、测控等领域技术的发展。

从这个角度来看，航天产业对于国家发展经济是有力的推动。综合来说，改革开放以来，我们国家在各种层面，包括深空探测、载人航天、北斗导航、对地观测、高分系列等各类型的航天工程，做得非常优秀，令人感到自豪。

2014年11月16日，国务院发布60号文件，更加明确地鼓励民间资本参与空间基础设施建设。国务院60号文件，即《国务院关于创新重点领域投融资机制鼓励社会投资的指导意见》（国发〔2014〕60号），其中第24条内容是：鼓励民间资本参与国家民用空间基础设施建设。完善民用遥感卫星数据政策，加强政府采购服务，鼓励民间资本研制、发射和运营商业遥感卫星，提供市场化、专业化服务，引导民间资本参与卫星导航地面应用系统建设。

国务院60号文件推出“鼓励民间资本参与国家民用空间基础设施建设”的相关政策后，国家还鼓励民营企业研制、发射卫星和运载火箭，这就催生了一个新的时代：商业航天时代！

中国商业航天进入了一个快速发展的轨道。

所有美好的相遇都是恰逢其时。颜军与“珠海一号”卫星星座的相遇，与其说是时势造英雄，不如说是他赶上了中国商业航天的好时代。

欧比特的“星目标”战略

2003年国内第一块基于SPARC V8处理器架构的嵌入式S698处理器芯片在欧比特诞生，公司在十年间又涉足了人工智能、大数据、卫星配套产品……直到2014年，国务院60号文件“鼓励民间资本参与国家民用空间基础设施建设”，这再次点燃了颜军那颗奔涌沸腾的心。

“企业没有发展方向就没有未来，我们不去做，其他的企业也会去做。”公司常务副总蒋晓华至今仍记得当年颜军在会议上说过的话。

打造“卫星空间信息平台”的想法在颜军脑海里逐步清晰，他想长期服务航空航天领域，在太空中考核更多的芯片将为公司自研产品得到快速批量应用提供便利。商业遥感卫星是国家鼓励的产业，遥感卫星可以获取海量遥感数据，可以形成卫星大数据，而卫星大数据是一个潜力非常大的产业。

“我们有能力设计研制卫星，为何不自己做？” 2014年初，在有十几名高管及核心技术人员参加的会议上，颜军提出打造“卫星空间信息平台”的想法，以及自己设计运营遥感卫星星座、发展卫星大数据的规划。当颜军说出公司未来的发展计划后，整个会场一片沉寂，每个人都神色凝重。

据蒋晓华回忆：“当时大家想都不敢想，觉得公司以前从来没有这么干过，并且设计制造卫星一般是‘国家队’干的事，我们只是一家民营航天企业，无论是在资金上还是在技术上都有很多不可逾越的鸿沟。”

虽然此次会议颜军提出的想法遭到了大多数人的反对，很多人都不看好，但他并没有放弃自己的想法。颜军不是一个独断专行的领导，他能理解大家的心情，民营企业设计运营卫星星座存在太多的不可预测性，仅是整个项目前期就需要投入数亿资金，如果项目建设失败，将会给公司造成巨大的经济损失。

这天晚上，颜军辗转反侧、彻夜未眠，他的脑海中不时冒出白天会议上大家反对的声音。

“咱们是一家民营企业，为什么要一下子砸这么多钱去探索一个不成熟的产业？”

“我们的强项在于高可靠芯片研制，设计研制卫星这事咱们不在行。”

“公司的芯片研发已经很成熟了，还是等待机会在太空考核芯片更稳妥。”

“就算是卫星设计研制成功了，怎么发射？到哪儿发射？这些都是问题。”

…………

一个个反对的声音，在颜军的脑海中翻来覆去地回放。这十几年来，欧比特的产品早就已经随各种型号在太空翱翔了，国家也在号召民间资本参与和推进商业航天的发展，欧比特为什么不能尝试自己设计卫星星座、研制卫星、发射卫星、运营卫星呢？

“我们不做，别人也会做！这是公司未来的发展方向！”这个坚定的想法占据了颜军的整个大脑。

“欧比特能研发生产最核心的芯片、最核心的存储器和最核心的系统集成，我们的技术经过了专业的验证。现在欧比特可以规划研制低成本、高性能的卫星，可以获取卫星数据，为何不去尝试这个市场呢？”

经过公司会议的几轮评估，反对的声音越来越少。最终，欧比特信心满满地确定了打造“卫星空间信息平台”的战略。

“董事长不是独断专行，他会就事论事讲道理。但只要认准了目标，只要这个方向是对的，他就会把思路分析清楚讲给大家。事实证明，他确实是为公司长远的发展考虑，让我们信服。”蒋晓华说。既然明确了方向，大家就拧成一股劲，为共同的“星目标”奋斗！

王家耀院士的倾情指导

有国家对商业航天支持的好政策，颜军和欧比特公司的决策层提出了“卫星空间信息平台”发展战略，组建了卫星技术专家委员会，提出了微纳遥感卫星星座建设的理念，正式切入商业遥感卫星产业。为此，颜军带领团队开始了长达一年多的市场调研及技术论证，得到了卫星技术专家委员会的倾力支持。

通过调研和论证，最终决定研制由34颗卫星组成的遥感卫星星座和相应的地面系统，全力考核自研芯片，全力发展商业遥感卫星产业，将卫星大数据实现落地，侧重关注卫星大数据的处理、分析、应用等。卫星研制过程中，前期主要研制可以覆盖400～1 000纳米的高光谱卫星及视频卫星，分三期完成。

第一期，以两颗视频卫星搭载发射为主，除考核自产SOC/SIP芯片外，重点是验证“珠海一号”卫星星座的设计理念、遥感卫星设计指标、星地系统通信、卫星地面系统及数据处理系统的设计是否合理及达标；这就是欧比特在2017年6月15日首发的“珠海一号”卫星星座中的两颗视频卫星的出发点。

第一期成功验证之后，在第二期及第三期，每次采用一箭五星方式来发射四颗高光谱卫星和一颗视频卫星至预定轨道，争取在短时间内构成服务能力强大的高光谱卫星星座。当然，每颗卫星都采用了大量欧比特自研的高可靠SOC/SIP芯片及微系统芯片，以此来实现对芯片及微系统全寿命周期的验证。

这就是“珠海一号”卫星星座的前传。

国家鼓励发展商业航天

从2014年初颜军提出打造“卫星空间信息平台”的战略构想后，公司便组建专业技术团队主导研发“珠海一号”商业遥感卫星星座重大科研项目，启动了“珠海一号”商业遥感卫星星座及卫星大数据项目的建设，以及打造卫星大数据产业的战略。2014年11月国务院60号文件的颁布，更加鼓舞了欧比特人！

没资金，可以融资；没技术，可以合作。从芯片设计到每一次的重复试验和应用成功，从卫星团队建设、卫星星座设计、卫星设计生产、卫星发射到卫星地面段建设、卫星运控、卫星大数据处理系统建设、卫星大数据应用服务平台推广应用……为了实现这个战略构思，欧比特人把所有的期盼和心血都寄托在“珠海一号”卫星星座上。

欧比特在这条路上奋战了整整三年！

2014年初，欧比特正式制定了打造基于卫星星座的“卫星空间信息平台”战略。

与此同时，颜军认为必须有一个由行业内院士及教授组成的高水

王家耀院士担任委员会主任

准的专业技术团队来指导公司的发展。之后欧比特有幸邀请到以王家耀院士为首的专家专业委员会，对公司的卫星规划进行把关。

2015年8月31日国务院发布了《促进大数据发展行动纲要》，确定了三大重点任务：一是加快政府数据开放共享，推动资源整合，提升治理能力；二是推动产业创新发展，培育新业态，助力经济转型；三是健全大数据安全保障体系，强化安全支撑，提高管理水平，促进健康发展。同时，“一带一路”空间信息走廊的建立，也为我国的航天遥感能够参与到更多的国际遥感合作中奠定了良好的环境基础，引领中国航天为世界的繁荣与发展贡献一份力量。

2016年12月国务院发表了《2016中国的航天》白皮书，对未来五年航天的发展提出了要求，并鼓励引导民间资本和社会力量有序参与航天科研生产、空间基础设施建设、空间信息产品服务、卫星运营等航天活动，大力发展商业航天。因此，国家颁布的各项政策明确表明，航天高新技术及产业，尤其是对地观测遥感卫星制造和卫星大数据应用服务等产业，将是政府重点扶持和鼓励的战略性新兴产业。

国家的政策为欧比特公司的发展指明了方向，也回答了欧比特一直为之苦恼的问题：“我们可以制造卫星，不仅仅可以满足验证自己公司设计的芯片，而且还可以让卫星成为太空的‘高清照相机’和‘摄像机’，去拍摄地球，让卫星真正发挥作用、造福人类。”

我国政府高度重视航天事业的发展和航天技术的应用，已将对地观测商业遥感产业提升为“国家战略性新兴产业”。现代卫星也在经济建设、国家安全、科技发展和社会进步中发挥越来越重要的作用。对地观测商业遥感产业是航天产业新的技术应用和新的增长点，具有广阔的市场前景。

商业遥感卫星产业的前景

商业航天包括运载火箭、微纳卫星、通信卫星、测控服务等领域。

对地观测商业遥感卫星产业发展日渐活跃，卫星遥感作为获取空间地理信息的重要手段，发挥的作用日益显著，其产生的卫星大数据应用前景广阔，已经成为经济发达及新兴国家进入航天的首选领域。遥感数据和增值服务的市场规模不断增加，遥感卫星大数据市场正在走向繁荣。

微纳卫星是一个全新的高端产业领域，遥感卫星可以获得更广泛和海量的信息资源，是卫星大数据能够发展的重要资源基础。相比传统的信息获取手段，对地观测卫星遥感不仅能获得更广泛和海量的信息资源，在信息的可靠性和准确性方面更是有了质的飞跃，而且这些信息的获取是建立在效率更高、成本更低的基础之上的，为决策部门的高效工作带来了前所未有的便利。

商业遥感卫星系统快速发展，系统性能不断提升，遥感应用向宽谱域、深度化、综合化方向发展，产业异军突起，该系统已成为每个航天大国重要的战略资源和基础设施。

不同卫星类型，有着不同的应用优势。雷达卫星具有较强的穿透能力，不受云雾干扰，能够在地质稳定性监测、地质与洪涝等灾害应急等方面发挥作用，但是雷达卫星造价昂贵、数量少，覆盖能力有限；高分辨率卫星能够很好地提取地物几何信息，数据覆盖能力强，但是在地物参数信息的提取方面存在不足；高光谱卫星能够有效弥补以上卫星的不足，实现卫星遥感从定性遥感向定量遥感的转变。

高光谱卫星具有强大的光谱分辨能力与丰富的波段信息，能够定量地提取地物的生化特征信息，发现其他类型卫星难以察觉的细微光谱差异，具有独特的优势。

以农业监测为例，雷达卫星能够有效监测地面沉降情况，高分辨率卫星能够提取田块的空间信息，但是对于农作物类型的分辨具有一定难度，对农作物的长势与病虫害信息的获取能力也不够，在这些方面高光谱卫星就能发挥其作用。此外，高光谱卫星在生态环境监测等方面具有较强的优势，如水质监测等。

那么，卫星大数据，可以应用到哪些领域，又能解决什么问题呢？

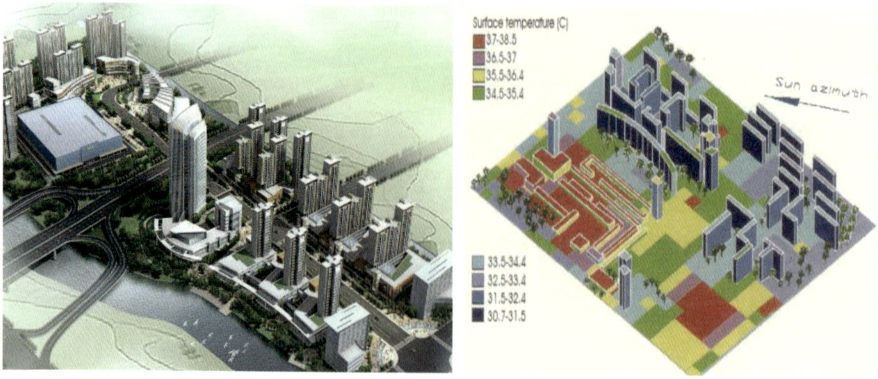

海绵城市建设、城市热岛监测示意图

╱ 智慧城市的应用

利用卫星遥感数据，可以获取城市建设状况的宏观影像，并以此得知城市道路、基础设施、建设用地等的全面状况，为城市建设规划、城市扩张提供宏观数据。同时也可为海绵城市建设、城市热岛监测提供有效的数据。

╱ 智慧农业的应用

遥感可为精准农业提供以下两类农田与作物的空间分布信息：一类是基础信息，这种信息在作物生育期内基本没有变化或变化较少，主要包括农田基础设施、地块分布及土壤肥力状况等信息；另一类是时空动态变化信息，包括作物产量、土壤熵情、作物养分状况、病虫害的发生/发展状况、杂草的生长状况以及作物物候等信息。

利用遥感技术可以识别各类农作物，计算其种植面积，并根据作物生长情况估计产量，遥感技术已经成为常规应用。例如，利用欧比特高光谱卫星数据，有关部门及机构对贵阳的玉米种植及生长情况、新疆的棉花种植面积、湖南的水稻生长情况等进行统计及分析，精度达90%以上。

智慧交通的应用

遥感影像在智慧交通领域具有广泛的应用前景，包括遥感交通调查、遥感影像地图与电子地图制作、道路工程地质遥感解译、交通安全与抗灾救灾、交通事故现场快速勘察、交通需求预测等。将卫星与智能交通领域进行对接，可极大提升和丰富天基观测手段在交通领域的应用水平和能力。

利用卫星遥感数据可以对道路建设及物流、交通状况进行宏观监测，为交通基础设施建设提供依据；同时也可为交通导航提供高时效、精确的地图数据。

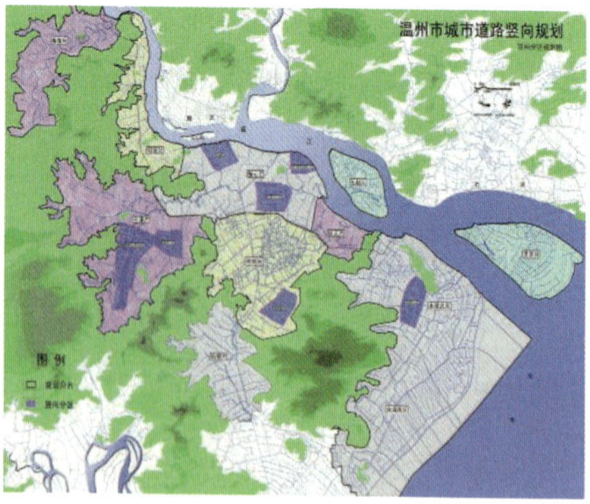

珠海赛车场和温州城市道路竖向规划图

利用卫星遥感可以对旅游资源进行监测，为旅游景区的开发和建设提供依据。同时，对已有旅游景区的交通、车辆、人流状况进行监测，可将旅游景区的实时状况告知游客和相关管理部门，实现对车辆、人流的疏导。

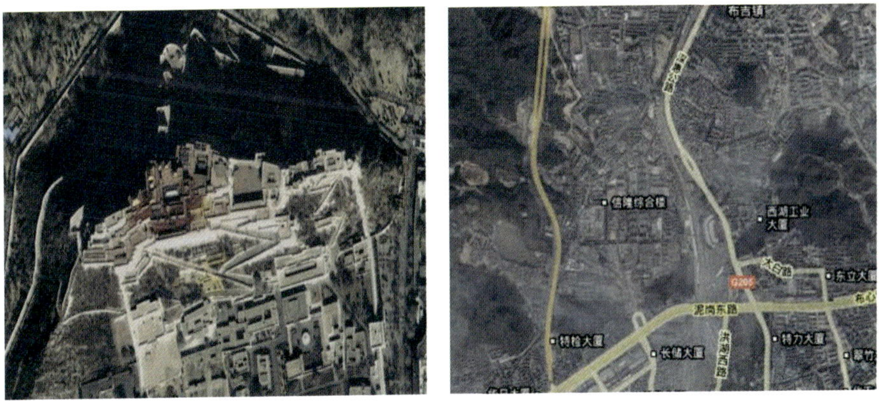

旅游区交通监测

生态环境保护的应用

近些年，随着环境污染越来越严重，遥感技术被有效地利用在监测环境污染上。遥感技术可以监测城市中的大气污染、水污染、地面污染、固体废物堆场污染和热污染，进行土壤侵蚀与地面水污染负荷产生量估算、生物栖息地评价和保护、工程选址以及防护林保护规划和建设。遥感技术由于具有时间、空间和光谱的广域覆盖能力，是获取环境信息的强有力手段，已成为环境生态最重要的监测手段之一。

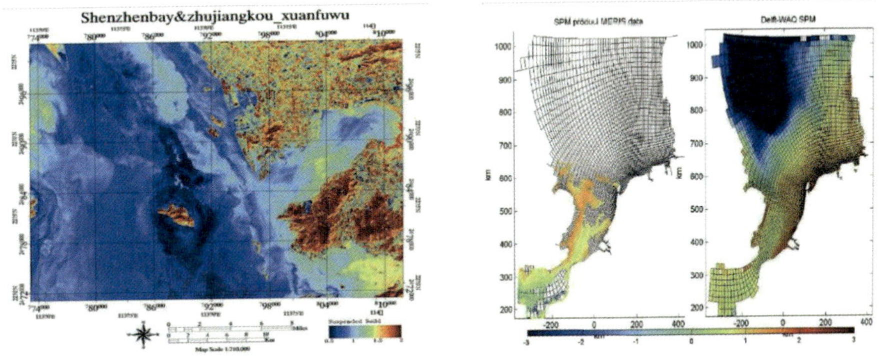

悬浮物监测

通过卫星遥感数据可对生态环境、地质灾害、荒漠化、重点工程等进行监测。例如：利用遥感技术可以快速、大面积地监测水污染、大气污染和土地污染以及各种污染导致的破坏和影响。20世纪80年代，我国就利用航空遥感进行了多次环境监测的应用试验，对沈阳、长春、大连、太原、青岛、天津等城市的环境质量和污染程度进行本底分析和评价。还可用于对地质灾害的监测，比如监测地震后的基础地质背景、环境地质情况、地质灾害分布等。

地理信息产业的应用

地理信息产业是以现代测绘技术、地理信息系统、遥感、卫星导航定位等技术为基础，并与信息技术、计算机技术、通信技术和网络技术等紧密结合而发展起来的新技术服务业，既包括测绘、地理信息系统（GIS）、卫星定位、航空航天遥感等专业领域，也包括与大众生活相关的导航软件、互联网地图、基于位置服务（LBS）等新型服务。

基础地理信息基础数据

通过卫星遥感数据，可形成数字线划图、影像图、数字高程模型、城市三维模型等数据，这些数据构成了基础地理信息，可以为城市建设、工程规划等诸多方面提供基础地理信息数据。

自然资源的应用

通过卫星遥感数据，可对土地资源、矿产、森林、水资源、海洋资源、海洋渔业等方面进行监测，了解相关资源状况，为国家或地方的经济建设决策提供依据。例如：土地监管，查处违章违法用地；矿产资源管理，包括对露天采矿等违规行为的监控等。遥感技术已被成功地应用于海面温度、盐度、海冰、波浪和潮汐等海洋学各要素的监测，以及海岸带地质地貌调查、海涂资源调查、海岸线长度测算、海岸动态变化监测、河流与海洋相互作用研究、海岸带资源开发研究等方面。此外，利用遥感技术对海洋进行大面积的实时探查，为预报和侦察鱼群提供了巨大的可能性。

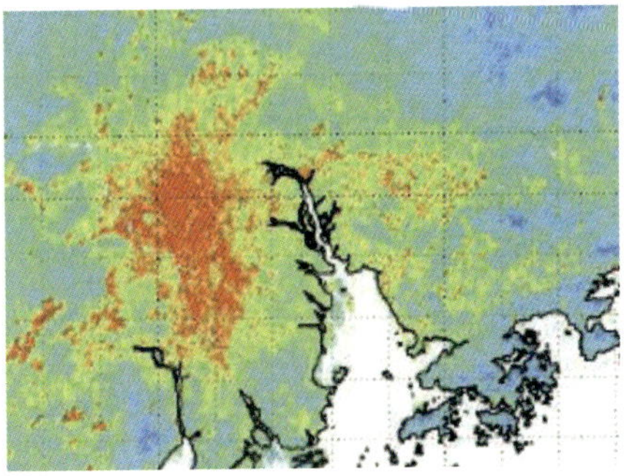

鱼群监测

应急管理的应用

通过卫星遥感数据，可对森林、火灾、沙尘暴、地质灾害等情况进行预报；同时根据监测情况可从宏观角度对灾害情况进行评估。利用卫星遥感，一次就可探测到上千平方千米范围内所发生的林火现象。例如，遥感技术在我国扑灭大兴安岭特大林火中起到了很大的作用。

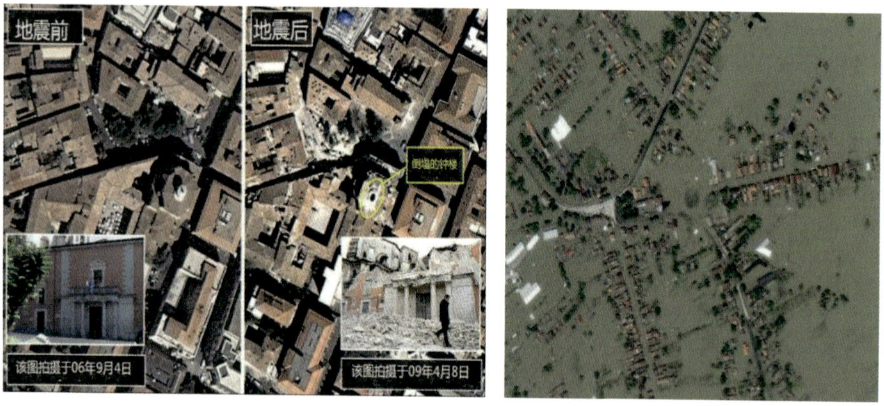

应急管理的应用

卫星大数据的应用不限于以上的描述。卫星遥感技术，是促进空间科学及航天技术不断深入发展的不可缺少的重要组成部分；是观测地球环境变化和人类活动影响的“眼睛”；更是发展商业遥感卫星产业不可或缺的技术。卫星载荷技术的发展，让未来的遥感卫星朝着覆盖全光谱域的方向发展，这是行业的期待。如今，光学遥感仍然是遥感技术发展和应用的重点。那么，“珠海一号”卫星星座如何考虑其定位呢？

开启商业卫星定量遥感新时代

从1972年卫星影像公开到目前为止，光学卫星的数量、遥感能力和卫星大数据处理能力都在飞速发展。

在过去十年中，随着硬件载荷技术不断进步以及遥感产业迅猛发展，卫星获取的光谱波段数量也在成倍增加，商业光学成像卫星数量迅速增加。目前，数百颗商业遥感卫星中，有些已经以星座的形式在组网运行，日夜不停地为人类服务。人类的这种对地球观测信息掌控的原动力，使光学卫星影像的观测能力实现了从“足球场到足球”的提高，继而带动了遥感科学技术在各个专业领域的广泛应用。

光学遥感根据波长可以分为紫外遥感、可见光遥感、红外遥感与微波遥感。其中，应用最为广泛的当属可见光遥感应用、红外遥感应用和微波遥感应用。

从电磁波谱角度来看，紫外遥感在入海口混浊水体监测、海上溢油探测、大气校正等方面发挥着主要作用。可见光和近红外波段则通过相互结合成为农作物健康监测、林地分类的重要信息来源。短波红外和红光波段，或者近红外波段和红光波段的比值常常作为大气模型选择的依据和大气透射系数的估算参数。热红外波段主要用于地表温度监测，为森林火灾信息汇总提供依据。微波则与地表粗糙程度紧密相关，通过微波和光学的结合，可对清洁大洋水体进行浅水深度反演。此外，微波遥感也被用于地表干燥程度判断、大气剖面探测、海洋浪高估计、潮汐能和海洋风能场地规划。

从大气窗口来看，光学卫星遥感的发展主要局限于近地表的大气条件（云、雨、雾、尘埃）。

从数据角度来看，如何能够将现有光学卫星遥感数据进行融合，建立统一的数据基础，则是当前开展遥感应用所面临的重要挑战。

从遥感的行业应用来看，光学遥感应用主要限制仍是算法模型和适用性场景应用方向的确定。

大家知道，地表主要包括植被、裸露的土地以及较浅的水体，光学高光谱卫星遥感影像利用固体地表反射太阳电磁能量的特性，进行定量遥感反演。在太阳光照射下，不同的地物因其自身属性会对特定的光谱进行吸收和反射，据此可以根据不同的吸收和反射特征进行目标地物的识别，并得到被测物体的空间信息、内部结构及相关属性等丰富的信息，因此地物的光谱特征是探测物质外部形状和内在属性的重要根据。

与其他非绿色物体如水体、山石、土壤、沙漠等地物类别不同，绿色农作物的光谱曲线则更为明显，这是由于植物的叶片色素含量、氮素含量、含水量以及其他理化参数的不同会产生特定吸收和反射波段，具体表现为更明显的光谱曲线，一般绿色植被的光谱曲线如下页图所示。

由图可知，350~670 nm光谱被叶绿素吸收用于光合作用，在两个吸收谷350 nm和670 nm之间有一个明显的反射峰（540 nm处附近），在740~1 300 nm之间产生一个突起的较高反射率区域，这也是绿色植物区分于其他地物较为明显的特征，大于1 300 nm的后续波段由于水分的吸收反射率相对产生了下降的趋势。

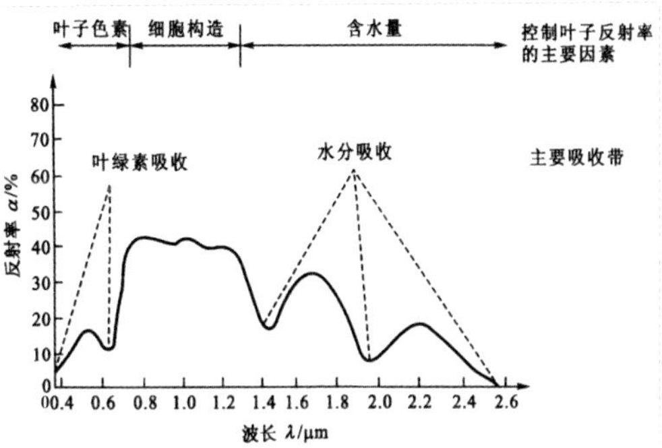

绿色植物的反射光谱特征图

植被的光谱反射特性或发射特性主要取决于其生物化学参数和形态结构特征，这些特征与植被的种类、生长发育及健康状况等因素密切相关。健康植被的反射率光谱曲线通常呈现“峰与谷”的特征。在400~760 nm波段（可见光）反射率较低，受叶绿素影响，在550 nm波段(绿光)处出现一个小反射峰，在450 nm波段（蓝光）和650 nm波段（红光）附近具有较强的吸收作用，形成一个吸收谷。

受季节或病虫害等因素影响时，植被叶片中的叶黄素、叶红素等起主导作用，对绿光的吸收加强，而对红光的吸收减弱。因此，植被叶片变黄或者变红。

在760~1 300 nm波段（近红外）大部分能量产生反射，形成一个高的反射峰。从可见光到近红外，即760~1 100 nm波段反射率急剧上升，形成植被光谱最显著的特征“红边”。不同的植被在这一区间光谱特征曲线明显不同，特别是“红边”的位置、高度和斜率常用于区分不同植被类型。

在1 100~1 300 nm波段反射率相对平坦，主要的影响因素是植被细胞结构。在1 300~2 500 nm波段（红外）反射率则主要受含水量的影响，反射率光谱曲线的波状形态更为明显，通常表现为三个吸收谷和两个反射峰。此外，植被的反射率光谱曲线还受覆盖度和下垫面等因素的影响。

通过高光谱数据反演农作物叶绿素浓度其原理在于，农作物呈现绿色是由于叶绿素对绿色波段较为敏感，反射率较高。当农作物冠层呈现绿色或深绿色是处于健康状态，此时叶绿素含量较多，光合作用能力较强；当叶绿素含量减少时植物则呈淡黄色。农作物的叶绿素含量和可见光波段的波谱曲线有很好的相关性，通过高光谱数据进行定量遥感农作物的平均叶绿素含量在理论上是可行的。

森林是陆地生态系统的主体，具有物种多样性，能够为人类的生存和发展提供丰富的物质资源，在维持全球生态平衡中具有关键作用。

森林的分布具有广泛性、复杂性和动态性，这也决定了林业资源调查的艰巨性和复杂性。常见的林业植被指数方法主要利用原始波段光谱反射率之间比值、差分、线性组合等多种组合，来突出波段间的差异、揭示隐含的植被信息，能够定性定量地评价植被覆盖度、生长活力及生物量等生态参数，而且能够减弱太阳角度、大气、阴影、地形等乘性因子带来的影响。

高光谱数据和植被叶片光谱曲线特征之间有重要联系。基于高光谱数据计算得到的植被指数也被称为窄波段植被指数，其利用高光谱数据特定的光谱区域和连续的光谱特征构造的系列函数，拥有更大的光谱变化空间，可以提高林业定量遥感精度。下页图为“珠

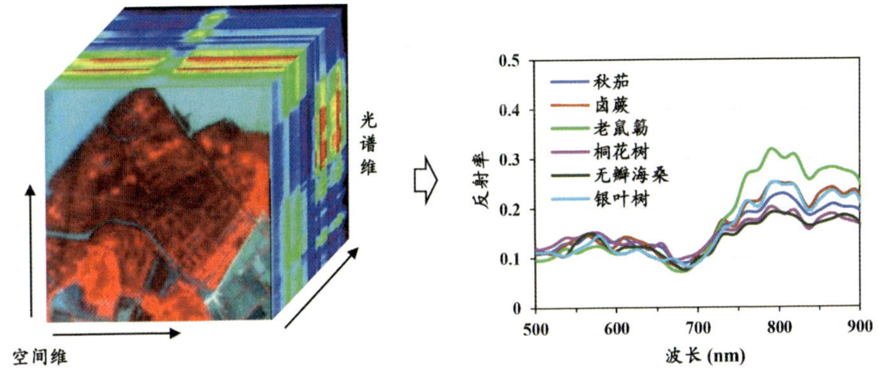

OHS高光谱影像立方体及典型红树植物反射率光谱曲线图

海一号”卫星星座星载OHS高光谱影像立方体及典型红树植物反射率光谱曲线。

高光谱遥感具有纳米级超高光谱分辨率和多波段连续成像的优势，星载高光谱遥感平台在更大尺度上为区域乃至全球范围内森林植被变化的监测提供数据支撑，在森林植被监测研究中应用前景十分广阔；可被应用于森林植被识别与分类制图、森林植被的生物化学物理参数反演、森林健康监测、生态监测等研究，在森林资源监测与管理实践中占有重要地位。

但是，我国卫星中可以提供这些有用的高光谱卫星数据的并不多。

在国家政策不断开放，商业遥感快速起步的大背景下， 2014年起，颜军带领欧比特在商业航天领域逐梦开拓。

欧比特设计建设的“珠海一号”商业遥感卫星星座是由分布在不同轨道的34颗视频卫星、高光谱卫星和雷达卫星组合而成的，卫星可在全谱域进行成像，具备快速覆盖全球的能力。卫星的设计将兼备全方位遥感、全天候遥感、高时间分辨率、高空间分辨率和国产化率高等特点和优势。“珠海一号”卫星星座具有视频、图像、高光谱、SAR多种成像模式，具备多种数据信息相互融合的能力，星座具有高时间分辨率、高空间分辨率、数据覆盖能力强等优势，在同行业中具有较强的竞争优势。

在卫星技术委员会的把关指导下，欧比特公司决定分期建设，率先采用高分辨率微纳卫星组网运行，构成卫星星座，逐步覆盖全光谱域，第一期卫星星座建设包括4颗视频卫星，8颗高光谱卫星。

欧比特确定此项战略后，公司各部门紧锣密鼓加快步伐落实各项工作。公司在此领域的发展，也得到了政府的支持。2016年，广东省发展和改革委员会将“珠海一号”卫星星座列为2016年广东省重点推进项目。

从获取数据能力上看，“珠海一号”卫星星座具备高时间分辨率的时空数据获取能力。从获取数据特点上看，高光谱卫星数据谱域宽泛、谱段多、光谱分辨率高，相机空间分辨率也高。“珠海一号”卫星星座包括8颗高光谱卫星、32个谱段，光谱分辨率为5 nm，空间分辨率可达10米，幅宽可达150千米。从覆盖能力上看，“珠海一号”卫星星座覆盖能力强。其12颗视频卫星理论上每10天可覆盖全球一次，每年可覆盖全球36次。8颗高光谱卫星理论上2.5天覆盖全球一次，每年可覆盖全球144次。

2018年12月17日，欧比特主办的“中国商业航天高光谱卫星数据首发会”在北京人民大会堂召开。大会邀请了中国科学院与中国工程院院士、高校及行业专家，以及卫星配套单位、行业应用单位、行业研究机构、专业媒体人员在内的近400名行业精英参会，聚集了商业航天的全产业链代表。

2018年人民大会堂中国商业航天高光谱卫星数据首发会

颜军在会上介绍了欧比特高光谱卫星数据的特色以及应用成效，介绍了"珠海一号"高光谱卫星星座数据获取、服务能力，以及正在打造的"绿水青山一张图"服务平台，其融合了多源卫星大数据，在珠海已经形成了工程样板，公司已具备向全国推广该服务平台的条件。与会专家认为，商业航天定量遥感的新时代已经来临！

大会的召开旨在推动高光谱卫星大数据的产业化应用，开启定量遥感的新时代，助力国内卫星大数据产业及商业航天经济的发展，谱写中国航天事业的新篇章。

随着近20年信息技术和网络技术的迅猛发展，空间信息已经被广泛运用于社会各个领域，在国民经济和国防安全等各个方面都起到了越来越重要的作用。卫星通信、卫星导航与卫星遥感（高分对地观测）并称为空间应用的三大应用系统。

rbita
AEROSPACE
欧比特
中国商业航天高光谱卫星数据首发会
商业遥感发展及
高光谱应用前景探讨
欧比特
中国商业航天
高光谱卫星数据首发会

首发会上院士们对话

9

上市前后，欧比特的『三大转折』

2010年2月11日，欧比特在深圳证券交易所创业板挂牌上市，成为国内首家登陆创业板的IC设计公司。上市后的欧比特拥有了资本平台，具备了资源整合能力，为下一步的发展做好了铺垫。

欧比特初创期

说起欧比特，我们先了解一下珠海当年的环境。1999年珠海人口只有约20万人。颜军在2000年到珠海创办欧比特时，整个珠海的经济并不发达，很多高新工业园区就像一块块待开垦的荒地。珠海要发展就需要引进高科技人才，需要引进高科技企业。

2000年，初创时期的欧比特人员不多，一直处在招兵买马的状态。那一年，公司的管理层主要有三个人，董事长颜军、总经理蔡德垓、副总经理柯龙涵。除了管理层，还有一支由来自五湖四海的20多个人组建的朝气蓬勃的工程师团队。

2000年下半年，欧比特入驻坐落于珠海高新区南方软件园里的留学生产业园，是这里第一家入驻的企业。当年南方软件园是全国排名前十一的软件孵化园区。

蔡德垓是颜军哈工大的校友，两人既是校友又是好兄弟。当年，颜军与几位校友来到珠海找到老蔡，商量创办欧比特公司，老蔡二话不说就加入进来。那时公司初创，招聘、科研、开拓市场、经营、宣传、项目立项……千头万绪，老蔡就像一头任劳任怨的老黄牛一样天天奔波，一件件落实。那几年，可能是老蔡抽烟最多的几年。

柯龙涵，一个充满激情、活力四射的小伙子，他主要负责公司的技术研发管理。他敢想敢干，有一年，居然悄悄地一个人去爬了珠穆朗玛峰，后来问起他，怎么想起去这么危险的地方，他说挑战自我。老蔡和小柯组建了一支不错的技术研发团队。公司现有的部分技术骨干，就是当年加入欧比特的员工。

常务副总经理蒋晓华和战略发展部的王伟是2001年到欧比特工作的。作为公司的老员工，他们亲历了欧比特发展的每一步历程。

欧比特在2000年从事软件开发，一开始工程师也就十五六名，还有十多人负责市场、客户服务、人事、行政方面的工作。随着芯片研制工作的推进，到了2003年，公司员工已经接近60人。

2003年5月，公司搬到白沙路1号，进入第一期建成的科研测试大楼，欧比特人将其称为“欧比特科技园”。按高新区规划，“欧比特科技园”规划了27 000平方米的建筑，分三期建设。第一期只建了一栋8 000平方米的L形大楼，作为科研-生产一体的大楼。

当时，园区门口有保安室，面对保安室的是一栋没有来得及拆除的二层民房。其他没来得及盖楼的地方，看起来有点荒芜。每到夏天的晚上，青蛙的叫声比较热烈，一声比一声高！为节省时间，有的工程师就干脆住进了这栋民房，两人一间。每天从早到晚，工程师们就干三件事：写程序、设计芯片和测试芯片。早上8:30开早会，然后基本干到凌晨或通宵，就像昼夜不停运转的机器一样。早上讨论过后就开始编程和测试，或与客户技术交流，晚上总结，周而复始。

那个时候，来谈合作的人也特别多。白天，技术骨干及管理者只能抽出时间来面对客户，确认设计参数、性能指标等。有时，参与项目的工程师需要到客户那里去交付产品或系统调试。那个时候整个公司的人员都很忙。

颜军也经常出差，回来后，就投身到技术产品的规划和研制中。看到大家日日夜夜地拼命工作，颜军为同事们的艰辛付出而感动。

副总经理、宇航电子事业部部长龚永红是2004年加入公司的。他说，当年他从深圳来欧比特应聘的时候，感觉这个地方太偏僻、太荒凉了，园区周边连一个小商店都没有。每到夏天的晚上，只能伴着此起彼伏的蛙鸣入眠。“欧比特科技园”当时也的确比较冷清。

有一次，他晚上8点多乘公交车，整辆公交车上就只有他一个乘客。公司周围，除了南方软件园和哈工大资源港外，其他企业还在建设中。工程技术人员回市中心的也不多，到了晚上公交车上自然就没有什么人。

“这哪像一家高科技公司？”这是当年龚永红的感受。直到两个月后见到了董事长颜军，他才吃了定心丸，决定留下来。

龚永红第一次见到颜军是在办公室的技术部。说是技术部，但那时候的技术部远远没有现在的规模。见到颜军，龚永红的初次印象是董事长很有亲和力，没有架子，一看就是学术型的企业管理者。这次短暂的见面给龚永红留下了很深的印象，特别是颜军在芯片技术研发方面的创新性技术意见，让龚永红打心底佩服，觉得老板做事有目标，又很勤奋，留在这里能学到新知识，不断地成长。龚永红选择留了下来。

弹指一挥间，龚永红在欧比特已经工作了16年。这16年间，公司发生了很多变化，已从一家不知名的小公司成长为当今中国民营商业航天业界的翘楚。他本人也从一个普通技术人员历练成长为项目负责人，软件部经理，宇航电子部副部长、部长，上市公司监事，上市公司副总经理。

颜军作为公司创始人，每当想起欧比特刚起步时的创业艰难，就会想到这些好兄弟。因为公司创办之初的每一步发展、每一个转折、每一点变化，都离不开这些优秀的人才。而历史总是这样大浪淘沙，让每个企业淘出各自的命运，淘出各自的人才。如今，颜军可以自豪地对着历史说：嗨，那就是我们欧比特人！

钢铁团队是怎样炼成的？

在工程师们的眼里，董事长是特殊材料做的“超人”。创业之初，大家都叫颜军为“大哥”，在一起工作就是好兄弟。颜军有着北方人的豪迈仗义，又有着南方人的细致严谨，他思维敏锐、踏实勤奋，经常有人看到董事长背着包出差去跑业务，凌晨一两点回到办公室里，还要通宵达旦写报告。而第二天早上，董事长的身影又出现在公司。

在公司里，很多人办公室电脑桌旁放着一张单人折叠床，加班加点是常有的事，有时为了一个项目，没日没夜地拼命干。颜军的办公室也是如此。在欧比特没有周末的概念，只有“星期六、星期七”的说法。

对于欧比特年轻的工程师们来讲，这里是一个最好的提升平台。虽然工作非常辛苦，但是却能学到不少新知识，很多曾做IT的工程师到欧比特工作后，都觉得自己以前学的知识到这里真就不够用。

如今已退休的王伟是2001年入职欧比特的。她为人亲和、果断干练，在公司备受认可和尊重。王伟在公司工作了17年，从最早负责人事及行政管理基层工作，到后来成为公司的高管，见证了欧比特很多年轻工程师的成长。王伟虽然已经退休，但是每当公司有活动邀请王伟参加一同庆祝时，很多老员工按广东本地的习惯，仍然亲切又尊敬地叫她一声“王姐”。

颜军对自己要求非常高，对员工要求自然也很高。因为公司的定位非常高，在技术上就要不停地迭代更新。公司创业之初的十五六名工程师，后来都成为欧比特各个部门的中坚力量，部分人还成为公司的高管。

有颜军这样特别能吃苦、特别能战斗的“将军”，自然就打造了一支战斗力特别强的“铁军”。

在欧比特，高端SOC芯片容不得犯一丁点儿错误。高端芯片从前端设计到后端设计到正式投产，一个流程下来就得有几百万或几千万的投入；一旦出错，损失巨大，民营企业亏不起。所以这个行业的压力非常大，使命高于一切，责任重如泰山。

在欧比特还有一个不成文的铁规，凡是中层以上的管理层要求手机24小时不能关机，一旦遇到突发情况要随叫随到。颜军身上具有鲜明的航天人特征，他就像天上的卫星一样，经常昼夜不停地运转，要不大家怎么都说颜军就像是特殊材料做成的“超人”呢!

据监事会主席黄小虎说，有一次，颜军在上海出差时，不小心一只脚的关节骨折了。他在上海医院打了两根钉子进去，出院后就回到了珠海，那时脚还不能走路，只能天天坐轮椅。颜军让司机每天早上把他接到公司，因为公司没有电梯，只能找人抬上三楼，结果他一到办公室，基本上就是一天不停地埋头工作。

“跟着这么勤奋的老板，我们能不认真地干吗？”黄小虎说。在欧比特，无论是行政人员还是技术人员，每个人都特别能吃苦。为了“珠海一号”卫星星座，大家觉得所有的付出都是引以为傲的。

颜军的生日在10月，每年生日那一天，如果在珠海，他都会约公司这些铁哥们儿一起聚聚。每次说是过生日，其实在饭桌上还是谈工作。王伟记得在公司还没上市时，颜军有一年过生日也是把大家召集到一起，给大家谈了一下公司的发展战略和未来意愿，说将来公司要上市，要成为一流的公司……

大家都在心里犯嘀咕：董事长是不是酒喝多了？这么一个小规模的公司能上市吗？

2007年，考虑到公司发展及改制需要，颜军决定引进战略投资。2008年欧比特公司开启“改制阶段”，在改制的过程中推出员工持股方案，每个人都持有公司股份，公司的发展目标成为所有员工的共同奋斗目标。

改制后，颜军就和全体员工讨论，大家一致同意：培育每个技术领域的拔尖人才，对各个团队的人才实行梯队式培养，有第一、第二、第三负责人，每个人至少要带三个人，实施公司的人才战略。

为此，公司梳理出来数个领域，包括SOC芯片、SIP微系统、EMBC总线、EIPC平台、EOS软件、OBC系统设计、宇航电子生产等领域。各个专业领域的人才培养使公司进入了快速发展轨道。

2008年公司改制实施员工持股后，公司的发展目标成为所有员工的共同奋斗目标，这是一个非常英明的做法。改制后，公司实施了人才发展战略，人才培养和储备得到了加强，大家齐心协力、干劲冲天！

不过，对于民营宇航企业来说，公司发展过程中，资金链通常都是个问题。颜军记得，2001年因公司发展需要融资，他被介绍到国外去商谈。有一家在新加坡的韩企看好欧比特的嵌入式技术，有意投资欧比特，双方谈得热火朝天，但是等真正需要投资时，对方却找出种种借口和理由撤了。

那时颜军就意识到：融资是一个专业性比较强的工作，也是个系统工程。从那时起，颜军就有了公司上市的想法。后来，国内一直在谈论创业板上市事宜。也就是说，如果一家企业可以IPO上市，就意味着融资有了渠道。幸运的是，珠海这片创业的热土对于创业公司非常支持，总是在欧比特需要的时候伸出援手。

欧比特2008年实行公司改制，人人都是股东，每个人都撸起袖子加油干。在此之后，公司以令人难以置信的速度推出了系列化技术产品，除了在航空航天领域继续设计研发宇航电子产品之外，也在总线测试、工业控制等领域提供了行业需求的高可靠产品，公司士气一路高涨！

中国创业板民营IC上市第一股

2008年初，创业板要开市的消息传来，颜军觉得这是欧比特上市的一个大好时机。结果，创业板一直没开。不过颜军并没有白白浪费这一年，为了上市创业板，欧比特在这一年铆足了劲，配合券商、会计事务所做审计，邀请专业机构到公司做辅导，将有关IPO上市的准备工作都已做好。

到了2008年3月，《首次发行股票并在创业板上市管理办法》（征求意见稿）公布，但直到2009年10月30日才正式开市。

创业板为创业型企业、中小企业和高科技产业企业等需要进行融资和发展的企业提供了融资途径和有成长空间的证券交易市场，是主板A股市场的重要成员，也是对主板市场的重要补充，在资本市场占有重要的位置。在创业板市场上市的公司大多从事高科技业务，具有较高的成长性。创业板市场监管严格，也是一个孵化科技型、成长型企业的摇篮。

2008年下半年，欧比特为了上市接受专业机构的辅导，准备冲刺

IPO上市。按照专业机构的指导，整个公司以上市公司的所有规范运行，欧比特公司迈入“上市辅导”阶段，需要把方方面面的准备工作按照要求如期完成，整个公司各部门严格按照上市公司的规范正式运行。

2009年7月，欧比特进入IPO的申报阶段。递交申报资料的企业就有108家，申报和审核流程很复杂。IPO上市是公司的一件大事，作为董事长的颜军亲自上阵，严格按照证监会的要求申报。

“要办理的手续太多了，我们一会儿飞到江浙，一会儿飞到北京、上海……因为公司涉及的股东和协作方很多。为了赶时间，有时候大家就兵分几路，一天跑几个地方。”王伟说。

IPO上会答辩是整个上市过程中的重要环节。在提交上市申请的过程中，欧比特工作组成员把这件事当作人生中重要的毕业答辩，

2010年2月11日，公司在创业板正式挂牌上市

每个人都把公司的事情当成自己的事情，把公司的发展当成自己的责任，那些日子对颜军和每个人来说压力实在太大了！

2009年12月29日，公司通过创业板IPO上市现场答辩。

欧比特经过充分准备，闯过道道难关，整个公司齐心协力圆满完成了上市的重任。

“我们每走过一个关键期，都是很幸运的。”颜军嘴里的“幸运”二字，是他和所有欧比特人用汗水和努力换来的。

2010年2月11日，欧比特在深圳证券交易所创业板挂牌上市。上市后，各大媒体纷纷报道创业板上市盛况，媒体关于欧比特的报道是这样写的：2010年2月11日，欧比特公司在深圳证券交易所创业板上市，成为国内首家登陆创业板的IC设计公司。股票代码：300053。欧比特成为中国创业板民营IC设计企业上市第一股。

上市后的欧比特拥有了资本平台，具备了资源整合能力，为下一步的发展做好了铺垫。

欧比特的“三大转折”

欧比特自从2003年联合哈工大一起研制了国内第一块基于SPARC V8处理器架构的嵌入式S698芯片之后，填补了多年来中国在航空航天领域核心芯片方面的空白，打破了国外的产品垄断和对中国航空航天核心元器件的技术封锁。这是欧比特的第一个重大转折点。

其后，欧比特公司创立了提高宇航SOC芯片可靠性设计的有效方法，以抗辐照加固等核心技术突破宇航SOC芯片可靠性瓶颈，在S698系列芯片中，采用“三模冗余（TMR）”和“检错纠错（EDAC）”的容错机制进行加固设计，从根本上提高了宇航SOC芯片的可靠性设计，奠定了国产化宇航SOC芯片的发展基础。

欧比特创立了多核并行处理宇航SOC芯片的发展策略，对宇航总线包括1553B、ARINC429等总线IP进行优化设计，形成了多项发明专利，在整体上提高国产化宇航SOC芯片的集成度和性能，引领了我国宇航多核高性能处理器的研制方向，设计了当时处理能力最强的SPARC V8宇航SOC芯片，加速了国产化宇航SOC芯片的产业化进程。

欧比特也因此获得了行业和国家的认可，赢得了一系列荣誉，在行业内脱颖而出。这第一个转折点，是欧比特人的骄傲和自豪！

2010年，珠海欧比特公司创业板新股正式挂牌上市

第二个重大转折点是2010年，欧比特在深圳证券交易所创业板挂牌上市，一跃成为中国创业板IC设计企业上市第一股。这第二个转折点对欧比特来说意义非凡。

10年的风雨兼程，10年的创新发展，10年的峥嵘岁月，欧比特在10年奋进中终于迎来了发展的春天。

企业发展，资金链很重要。多年以来，资金问题一直是中国IC设计企业发展的瓶颈，开拓多元的融资渠道是无数IC设计企业的长久梦想。虽然欧比特也有过一段比较艰难的岁月，但是能成为中国首家登陆创业板的IC设计公司，颜军认为所有的付出是值得的。

10年坚守，实属不易。欧比特就是在一次次的危机中，熬过了一个个的寒冬，创造了一个个奇迹。欧比特的上市，也见证了我国政府实施本土企业软件及IC创新策略、扭转我国软件及芯片被动局面的发展历程。

第三个重大转折点是欧比特倾情投入商业航天产业，即商业遥感卫星产业，将遥感卫星送上太空。

2014年，欧比特制定新的战略，启动了卫星空间信息平台战略。在“星征途”的3年研发道路上，欧比特人攻克了一道道技术难关，完成了“珠海一号”卫星星座的设计，建成了卫星地面站、卫星地面处理系统。终于在2017年6月15日，将01组2颗视频微纳卫星搭载着

“珠海一号”03组卫星发射合照

CZ-4B/Y31运载火箭成功发射升空，并顺利从太空上传下来第一张高清图。

其后，2018年4月26日，“珠海一号”卫星星座02组5颗卫星（1颗视频+4颗高光谱）在酒泉基地成功发射，卫星运行正常！至此，欧比特卫星星座形成了有效的服务能力。

2019年9月19日，我国在酒泉卫星发射中心用长征十一号运载火箭，采取一箭五星的方式成功将“珠海一号”卫星星座03组卫星发射升空，卫星顺利进入预定轨道，发射圆满成功。至此，由8颗高光谱卫星组成的卫星星座，具备了2.5天覆盖地球一遍的服务能力。

这是欧比特全力打造卫星空间信息平台及卫星大数据产业的开端。

这第三个重大转折，标志着欧比特具备了遥感卫星数据采集、处理、分发的能力，促进了卫星大数据产业发展。这第三个转折点对欧比特的战略升级具有里程碑式的意义，也为欧比特下一步布局遥感微纳卫星星座及卫星大数据奠定了基础。

从航空航天高可靠SOC芯片研制起家，延伸到卫星大数据规划，欧比特历经20年的征途，终于成为国内民营宇航企业的明星。

而欧比特上市前后经历的两次更名，都与公司业务布局和科技创新息息相关。

2000年，欧比特创办之初，公司名称为“欧比特（珠海）软件工程有限公司”。

2008年，欧比特上市前改制，更名为“珠海欧比特控制工程股份有限公司”。

2017年，欧比特更名为“珠海欧比特宇航科技股份有限公司”。这次更名不仅代表着欧比特的明天，也预示着中国商业航天

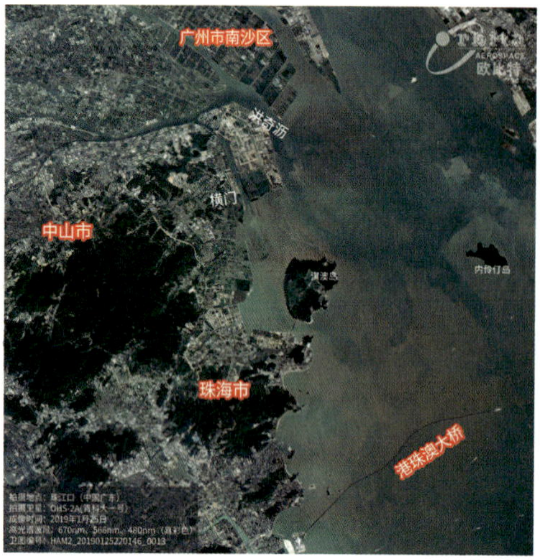

珠江口高光谱卫星影像（真彩色）

事业的腾飞与希望，更是向欧比特58 000名股东递交的一份满意答卷！

欧比特20年的创业之路虽然漫长，但是关键之处只有几步。能够在关键时刻做出关键判断、采取关键行动，是来自领导者发自内心的使命的力量。这两次更名是欧比特对中国商业航天事业发展的践行，体现了欧比特与商业航天事业一起发展的决心和毅力。

刘永才院士及领导赴公司视察留影

欧比特的光荣与梦想

从2000年到珠海创办欧比特，到2010年成为国内首家登陆创业板的IC设计公司，再到2019年把“珠海一号”卫星星座03组卫星送上太空，走过了近20年。20年，7 300多天，颜军和欧比特走过的每一段路程、经历的每一个转折点、遇见的每一个人，在欧比特的发展史上都留下足迹和美好的回忆。

还记得公司刚注册时资金只有100万。公司的总经理蔡德垓，大家都叫他老蔡，硬是一步一步将公司的注册资金像“愚公移山”一样慢慢地积累到2 000万。在上市之前，老蔡更是夜以继日、全力以赴。在颜军的心底，永远有一个位置是留给老蔡的。

“老蔡这个人，有能力。要不就不办，要办就一定能办成。”这是颜军对蔡德垓工作能力的评价。

像老蔡这样的欧比特人还有很多，每个人都拼尽全力为公司书写下最灿烂辉煌的一笔。这是他们对公司最深情的表达方式。

在欧比特宽敞明亮的展厅里，摆放着很多荣誉证书和奖杯。其中，有一些是国家奖项及重要资质，还有金光闪闪的处理器芯片、工艺精湛的封装芯片以及应用于航空航天领域的各种高可靠控制器和设备。这些产品功能优异，是欧比特核心技术及产业化能力的体现。三个金灿灿的卫星模型，就是“珠海一号”卫星星座中的已在轨运行的01组视频卫星、02组视频卫星、03组高光谱卫星的1∶1仿真模型。在LED大屏上，“绿水青山一张图”平台系统上展现着“珠海一号”卫星星座获取的大数据在智慧城市中的应用……

随着2019年9月19日“珠海一号”卫星星座第三次发射成功，欧比特在这一年再次蝉联“中国商业航天30强”。此次荣誉的获得是对欧比特技术实力、商业变现能力、创新能力、资本市场认可度、成长潜力、竞争力、团队运营水平等方面的肯定。

这些荣誉和奖杯，写下了欧比特的昨天，凝聚了欧比特人的心血和智慧，见证了欧比特的每一步发展、每一次转折、每一段历程，目睹了一家中国民营宇航企业的科技进步。

欧比特还通过了“高新技术企业”和“集成电路设计企业”，首批通过了“双软”认证，是SPARC 国际协会会员单位、国家IP核库高级会员、半导体行业协会会员、国家火炬计划项目的先进研制单位。

特别是在芯片研发方面，欧比特为满足我国航空航天及国防工业领域对自主可控、高可靠、高性能嵌入式处理器芯片的需求，率先推出了基于SPARC V8架构的宇航核心处理器型谱序列技术产品。在技术指标及应用成熟度上达到了国际一流水平，实现了我国高可靠、高性能宇航处理器芯片的国产化和产业化。

经过多年的技术探索和积累，欧比特瞄准三维立体封装技术前沿，建成了亚洲第一条符合宇航标准的“SIP立体封装微系统数字化生产线”，并推出了型谱化的SIP微系统产品，实现了高端宇航SIP元器件的国产自主化生产。

欧比特的卫星团队创新地完成了高光谱卫星、“珠海一号”高光谱卫星星座及卫星地面系统优化设计，使卫星星座具备较高的空间、时间及光谱分辨率，提高了商业卫星大数据采集及应用服务水平，推动了我国商业定量遥感及卫星大数据产业的发展。

在技术上，欧比特与哈工大卫星技术研究所、中科院长光所、航天科技九院704所、武汉大学等单位紧密合作，创新设计了自主轨位保持技术，实现了“珠海一号”卫星星座构形在轨自主保持；对星座卫星综合电子系统进行创新设计，在可靠性、高性能和小型化等方面实现了技术突破；对高光谱探测器进行创新设计，大幅度地提高了高光谱相机的成像精度和质量；创新设计了“珠海一号”商业遥感卫星星座。

其中，8颗高光谱卫星组成的星座具备2.5天覆盖全球一遍的服务能力，为全球高光谱定量遥感数据提供了优良补充。对卫星地面系统进行优化设计，实现了对卫星星座的自主运控、数据自主管理和应用，创新了商业遥感系统的设计，在商业遥感卫星大数据处理、人工智能算法设计、多源数据应用及分析等方面实现了技术突破。

2018年，“珠海一号”视频卫星OVS-1项目，荣获2018年度地理信息科技进步奖二等奖。2019年，“珠海一号”高光谱卫星星座建设与应用项目，荣获2019年度地理信息科技进步奖一等奖和2019

年度测绘科技进步奖一等奖。

每一项辉煌的科研成果，都承载了欧比特人的光荣与梦想。他们在这个时代演绎着属于自己的精彩人生，在欧比特尽情绽放出自己最璀璨的那一束光芒。

每一个荣誉奖杯的背后，都洒下了欧比特人的汗水。这其中，有冰点，有沸点，有泪水，有希望，有艰辛，有喜悦……既然选择了商业航天事业，就不怕路途遥远，欧比特的梦想是星辰大海！

卫星升空不是最终目的

欧比特的高光谱卫星星座荣获测绘科技进步奖一等奖和地理信息科技进步奖一等奖，这个喜讯让欧比特人振奋不已。

“虽然付出了很多艰辛努力，但是能得到专家们的认可，我觉得是很高兴的事。”颜军说。

道路虽远，行则将至。在商业航天事业飞速发展的今天，颜军对未来充满信心。

2019年11月在深圳举办的“第二十一届中国国际高新技术成果交易会”上，颜军在“改变世界的新兴科技Ⅱ”交流会期间发表演讲：“卫星升空不是我们的目的，落地应用才是目的！把卫星数据拿来为人类服务、为社会创造效益才是我们的追求。”

欧比特卫星发射的资金都来自市场融资，需要靠卫星数据和服务来养活企业。商业航天要走上一条良性发展的道路，要把卫星应用落地，企业才能实现可持续发展。

一颗高光谱卫星，单轨拍摄6分钟，幅宽150千米，可以扫描40万平方千米，数据量约400 GB；8颗高光谱卫星，一轨下来就可覆盖320万平方千米，这就为卫星数据落地应用奠定了基础。但是，也面临着技术挑战。在覆盖面积如此巨大的卫星大数据面前，怎样获取有效信息，怎样提取知识？这才是真正需要考虑的问题。

欧比特一直在探索，除了人工处理之外，是不是还有更有效的方式，比如能否用人工智能的算法来处理？这对欧比特人来说也是一个巨大的挑战。

卫星数据通常难以实现全自动化的处理，因为每个客户要求的侧重点不一样。目前，行业内对遥感数据信息及知识的提取时效还是非常低的，所以需要人工智能技术的切入。

对于一个遥感系统，从数据源的获取，到信息处理，再到知识的提取和应用，这是一个大的产业链，欧比特有数百人都在专注于数据处理和数据应用。因此，引进高效的人工智能处理技术是当务之急。这也是欧比特与院士、科研院所、行业公司等大力合作的原因。

这既涉及卫星多源数据应用服务平台是否高效运行的问题，也涉及卫星大数据服务架构的应用链有多长的问题。欧比特试图打造一个全世界处理速度最快、应用范围最广的平台系统。

比如在林业管理方面，可以大面积、大视野、大尺度地看一个森林有没有病虫害、有没有发生火灾的可能；在水体监测方面，对每个城市的每一条河包括黑臭水体等，利用卫星的新技术来解决监

全国“欧比特杯”高光谱应用大赛颁奖典礼

测的问题未来将会广泛应用；而在国土管理、海洋监控等方面，靠人工是不可能的。对于海域上的各种状况，高光谱卫星可以拍得非常清楚，而且可以进行定量分析，其他很多行业也需要高光谱卫星的助力。

未来对于历史卫星数据的需求将会越来越强烈，对历史卫星数据的分析也具有深远意义。

商业航天，任重道远。这条路既意味着未来的挑战，又预示着无限的可能。国家引导支持，资本介入，人才储备充足……也唯有如此，欧比特“星辰大海”的宏伟目标才能实现。

参与卫星产业的企业并不多，颜军希望有更多的同行加入到制造卫星的行列中来：“我们中国的商业遥感卫星不是太多了，而是太少了！欢迎兄弟单位一起加入商业卫星行业，一起把这个行业做起来。这不是冲突，而是合作。”

每颗商业遥感卫星都有它自己的特色，如果兄弟单位能加入到商业卫星的研制中，天空中就会有许多不同的卫星，面对不同的客户需求，建立统一的遥感卫星服务平台。

当这些卫星在太空中组网运行，就会形成一个功能强大的对地观测网络，获取有用的数据和信息，实现卫星应用真正的“落地”！想想这件事就令人惊喜不已！

“一闪一闪亮晶晶，满天都是小星星，挂在天空放光明，好像许多小眼睛……”

当我们仰望星空时，也许其中有一颗卫星正对着地球上的我们“眨眼睛”。当这颗卫星划过夜空，说不定就是欧比特之星。

欧比特卫星如今遨游在浩瀚无垠的太空，它们的存在，见证了一家中国民营宇航企业从小到大、由弱到强，从蹒跚起步到成为中国一流商业航天企业的逐梦之旅。

欧比特成立20年暨上市10周年合影

成立20年暨上市10周年
2020年01月10日
广东·珠海

10

卫星助力，智慧城市的『星希望』

用卫星助力“智慧城市”或“数字经济”，让卫星在天上真正发挥它的威力和作用，一直是颜军追求的目标。用卫星助力“智慧城市”，是欧比特一直在探索和研究的课题。

连夜“会诊”，向前一步有一步的收获

“珠海一号”卫星星座升空，只不过是万里长征走出的第一步。天上的卫星会发生什么状况？每一颗卫星的设计制造以及用途等哪些方面需要改进？诸如此类的很多新问题，都需要欧比特的工程师们去解决，需要他们突破认知边界，去挑战一个个技术极限。

欧比特在2017年6月15日首发了两颗卫星之后，就遇到了地面接收不到“珠海一号”卫星星座卫星信号的问题。

那是2017年10月15日晚上10点半，负责卫星运控的工程师突然发现接收不到卫星信号了，他连忙向领导汇报这个紧急情况。要知道，“珠海一号”卫星星座才刚满百天不久。大家紧急集合，各就各位、展开“会诊”。

在“会诊”的过程中，要等卫星过境、“看见”卫星才可以发现问题，而每一次卫星过境需要90分钟的时间，每次“看见”卫星的时间只有10分钟。于是，从晚上22:30到凌晨4:30，经过6个小时的检测、排查，最后确定是地面站的问题。

工程师们火速去检查出现问题的地面站。结果发现，是因为这个地面站天线的一个小问题导致接收不到信号。问题终于解决了，虽然是虚惊一场，但也说明商业航天同样存在突发和不可预测的风险。

就像我们在前面说过的，卫星不是发射上太空就成功了，还有很多新的领域需要去探索。虽然全世界的航天工程师们已经努力了很多年，但人类永远不可能彻底地解决航天工程上突发和不可预测的风险。

比如1961年4月12日，第一个进入太空的苏联人加加林在返回地球时，连接舱体的一根导线出了问题，导致返回舱和仪器舱无法完全分离，他所乘坐的飞船高速旋转起来，转速快到每12秒旋转一圈。幸运的是，10分钟后，高温烧断了那根导线，返回舱这才稳定下来，加

珠海卫星地面接收站

加林总算活着回到地面，但落点偏离了很远。落地后，由于宇航服头盔的设计缺陷，他无法顺利打开头盔；此时氧气也快用完了，所以他被憋得满脸通红。幸亏当地一个哈萨克妇女带着孙女放牛，恰好遇到他。她们开始还以为加加林是外星人，吓得半死。加加林各种比画，这位妇女最后才决定帮助他打开头盔。加加林当然运气很好，我们人类的第一次太空旅行运气也很不错。但是，有一种情况我们想过没有，如果那根导线没有被烧断呢？如果加加林当时没有遇到那个哈萨克妇女呢？

加加林的着陆点在一片大草原上，一个小时没有人经过是很常见的情况。如果真的遇到了这种情况，加加林的结局会怎么样？但是，假如结局如此，就代表第一次航天任务完全失败了吗？加加林的太空之旅就没有价值和意义了吗？

“NO”。即便如此，人类的航天事业，仍然会在此基础上前进一步；人类对浩瀚太空的认知边界，就会向前拓展一步。

正所谓：怕什么真理无穷，进一寸有一寸的欢喜；管什么宇宙无限，成一次有一次的收获！

而欧比特人的每一次突破边界，每一步自主创新，都向我们展现了一家民营宇航企业由珠海走向世界的雄心壮志。他们用20年的披荆斩棘、一路向前，创造了一个民营宇航企业从芯片到卫星、到人工智能，再到大数据等一个又一个的惊喜！

对于公司而言，公司通过三大转折从“芯征途”走向了“星希望”！

对于珠海而言，颜军见证了这座城市20年的发展变迁，也亲历了欧比特在这座城市从一家仅有十几个人的小公司，到如今成为中国商业航天明星企业的奇迹。而“珠海一号”卫星星座则是他对珠海最深情的告白。

仰望星空，脚踏实地。颜军把对中国宇航事业的那份执着追求，浓缩在了“中国芯”，浓缩在了“珠海一号”卫星星座，浓缩在了20年的岁月长河里。欧比特也是中国商业航天发展的一个“缩影”，浓缩了中国一家民营商业宇航企业波澜壮阔的发展历程。

这是一个人、一家企业、一座城市，乃至一个国家和一个民族的科技进步！

路漫漫其修远兮，吾将上下而求索。哪怕前方依然“星路”坎坷，哪怕前方依然会有荆棘密布，哪怕商业航天之路依然千辛万苦，颜军和欧比特人对太空探索的脚步也不会停止。

卧薪尝胆，用卫星助力城市发展

2018年12月31日，在这辞旧迎新的日子里，“欧比特人”纷纷在微信朋友圈中晒出了他们用“珠海一号”卫星星座高光谱影像制作的新年台历。

一月春寒料峭；二月万物复苏；三月江南草长；四月生机盎然；五月天高云淡；六月飞火流星；七月荷韵悠扬；八月丹桂飘香；九月硕果累累；十月秋风飒爽；十一月枫叶飘零；十二月白雪皑皑。台历上的每一张图片流光溢彩，犹如一幅幅色彩斑斓的油画。

让我们闭上眼睛想象一下：雪山之巅喜马拉雅山脉，风景如画的马赛港，宛若油画的阿犹斯特罗农田，车水马龙的城市街道……这一切都能通过天上的卫星尽收眼底。

通过卫星，我们能看到红色的房子、蓝色的海水、绿色的植物、金黄色的麦田……赤橙黄绿青蓝紫构成了一幅多彩壮丽的绝美画卷。

比如在珠海，通过卫星我们能看到很多农作物，通过农作物颜色等微小的变化，运用卫星大数据的测试进行精准分析，了解到病虫害、水分和养分对植物有哪些影响，就能预测今年的农业是否丰收。卫星在农业应用上能发挥积极的作用。

再比如粤港澳大湾区，如果海水受到严重污染，海面上产生绿潮，通过高光谱遥感技术就可以看见，从而采取一些有效方法来了解。

“珠海一号”高光谱卫星的遥感技术，将对整个珠海以及各地的城市建设，乃至对整个国民经济的发展起到很好的促进作用。

就好比用高光谱卫星拍摄的“2019台历”上的画卷，展现出了崇山峻岭、大海、森林等广阔区域的美丽，这些采用了定量遥感数据的画面，若用其他高科技手段去拍摄或观测，则需要花费大量的人力、物力、财力才有可能实现。

“珠海一号”卫星星座属于全球遥感星座，多个地面接收站协同作业，其数据获取能力很强，具备海量采集、海量传输、海量接收、海量处理、支撑广泛应用的特点。其遥感数据不仅能应用到自然资源、生态环保、农业农村、工业、交通和金融等领域,也能应用到文化、教育、政治、外交等领域。

商业卫星一方面可为政府、企业以及个人用户提供新型的卫星大数据产品及服务；另一方面也可支撑创新企业、被孵化企业针对不同应用对卫星大数据进行二次开发，形成更具应用价值的产品。

利用商业卫星遥感数据，可为农业领域对土地资源调查、土地利用现状调查，病虫害、土壤干旱、盐化、沙化的调查及监测，以及农作物长势的监测与估产等方面提供依据。

如在农作物估产方面，能够动态、准确地对不同植被的叶面积指数、生物量、全氮量等物理参数做出估量，还可对作物的播种面积、

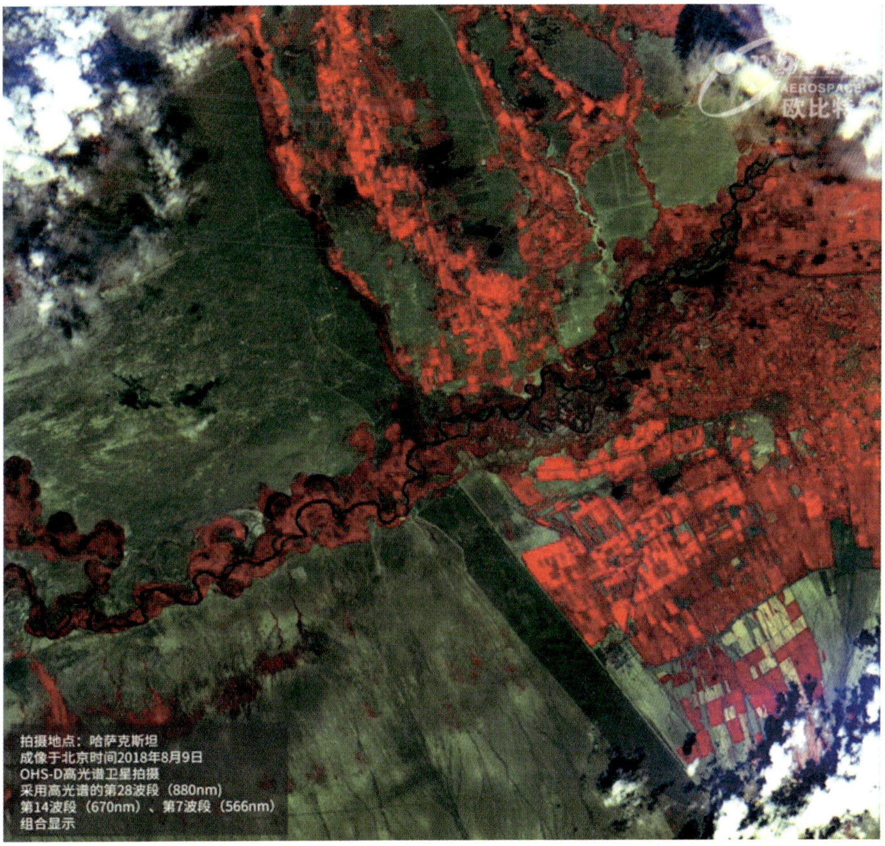

高光谱卫星影像国外图

长势、水肥状况、病虫害、全国耕地变化等情况进行遥感监测、识别、分类、产量预报，减少粮食损失。

在地质领域，可以全面、客观、形象地反映所针对区域地表综合景观的几何特征，同时还可以获得地面物质的成分和结构等相关的电磁波数据，为地质制图、地质矿产资源勘查及环境工程、地质危害调查研究提供条件和基础，从而解决地质学界长期争论或按常规很难解决的一些问题。

卫星作为现代信息技术的重要组成部分，人们利用它可以精准地促进城市绿色健康发展。同时，各地政府也意识到，要创造美好的生态环境，就要打造绿水青山，守卫绿水青山。

欧比特作为中国民营商业宇航企业，既想要品尝这块来自太空的“经济蛋糕”，更想要用卫星来助力城市发展，便在2019年签订了一份“绿水青山一张图”服务合同，而这份服务合同自然成为公众关注的热点……

商业遥感，欧比特中标“绿水青山一张图”

说到欧比特的这份服务合同，先让我们把时光追溯到2013年。

2013年9月7日，习近平总书记在哈萨克斯坦纳扎尔巴耶夫大学发表演讲，并在回答学生们提出的有关环境生态问题时明确指出：“我们既要绿水青山，也要金山银山。宁要绿水青山，不要金山银山，而且绿水青山就是金山银山。”习主席的演讲生动形象地表达了中国大力推进生态文明建设的鲜明态度和坚定决心。

2014年7月11日，《人民日报》刊登了一篇题为《绿水青山就是金山银山——关于大力推进生态、文明建设》的文章。文章中提道：“建设生态文明是关系人民福祉、关乎民族未来的大计，是实现中华民族伟大复兴的中国梦的重要内容。”

用卫星助力“智慧城市”或“数字经济”，让卫星在天上真正发挥它的威力和作用，一直是颜军追求的目标。他在2014年就提出了“卫星空间信息平台”及卫星大数据的发展战略，欧比特于当年便开始实施这一战略。2017年6月15日“珠海一号”卫星星座首发成功；

2018年4月26日“珠海一号”卫星星座第二次成功发射；2019年9月19日“珠海一号”卫星星座第三次成功发射……欧比特一直在向“卫星空间信息平台”及卫星大数据这一战略目标迈进。

2019年5月31日，“绿水青山一张图”项目在珠海市公共资源交易中心顺利开标。经专家评审，欧比特以成熟的遥感监测能力和高光谱定量分析能力，在众多竞争者中脱颖而出，中标该工程项目。

珠海的“绿水青山一张图”项目服务体系，是以航天航空遥感大数据、互联网大数据、人工智能分析技术为驱动的综合型智慧政务服务平台；是瞄准自然资源、国土、住建规划、城市管理、环保、林业、农业、海洋、防灾减灾、乡村建设、智慧交通、地下空间等的综合性应用。

同时，不断提供以高精度、准实时、多波段对地观测数据为基础的数据服务，为政府部门提高管理质量和效率，实现政府精确决策、精准治理、精细管理提供全方位的服务方案。

在粤港澳大湾区，珠海肩负着建设珠江西岸先进装备制造产业带的重任。“绿水青山一张图”项目所依托的“智慧珠海综合服务平台”是珠海智慧城市建设的核心基础设施，这个项目将有助于提升政府综合管理水平，满足城市“绿水青山”的建设需求，助力城市“数字经济”的智慧发展。

用一句话简单来说，“绿水青山一张图”项目就是把遥感相关数据对接到平台上，成为智慧城市“基础设施”的“基础数据”。

这次欧比特中标珠海“绿水青山一张图”项目，不仅是对欧比特的服务能力、技术水平与核心竞争力的肯定，还极大鼓舞了员工的士气，也为高光谱卫星遥感影像“立足珠海，辐射全国”拉开了帷幕。

这个新的行业现在还处于起步阶段，关键要看能不能经得住市场的考验，能不能为城市经济建设发展服务好。但不管怎么说，欧比特是第一个敢于“吃螃蟹”的中国民营商业宇航企业。

“太空市场”这块蛋糕到底有多大？卫星的商业市场在哪里？欧比特服务城市的新模式真的能“辐射全国”吗？未来的“商业遥感”之路还很漫长。

民营商业航天企业，路在何方？

让我们先来看一组数据：2019年全球航天经济规模达3 660亿美金，较2018年增长了1.7%。全球卫星产业总收入为2 710亿美金，占全球航天产业收入的74%。截止到2019年底，全球已发射一万多颗卫星到太空，但真正存活下来的在轨活跃卫星仅2 460颗，其中大多为商业卫星，由75个国家运营。

目前，全球在轨活跃高光谱卫星不到20颗，中国占了13颗，其中，欧比特公司8颗。

卫星的“太空道路”并不拥挤，放眼全球，天上的卫星仍然太少！

过去，航天产业是由国家立项的，属于国家行为，集中力量办大事，但耗费资金巨大。随着航天项目越来越多，为促进经济持续健康发展，充分发挥社会资本特别是民间资本的积极作用，国务院于2014年11月26日发布《国务院关于创新重点领域投融资机制鼓励社会投资的指导意见》，“鼓励民间资本参与国家民用空间基础设施建设，完善民用遥感卫星数据政策……”。

自此，各类商业航天企业如雨后春笋般涌现。

虽然商业遥感不断推出各种各样的卫星、星座来实现不同的应用目的，但未来的卫星发展，一定会朝着两个大方向变化：一个是精细化；第二个是对地观测的服务能力不断提高。

朝着这个大方向，不管是国内还是国外，商业对地观测卫星体系将日趋完善，而且系统规模能力也会稳步发展，越来越精细。

如何有效利用社会资源、利用市场的资本来发展航天事业呢？商业航天如果有更多来自民间的社会资本介入，则是一件利国利民利企的好事，也是未来航天产业发展的必由之路。

如果说一个民营商业航天企业能够满足上百万个企业的需求，再加上有中国老百姓几个亿的“卫星数据”消费领域，从商业市场拓展到普通老百姓的大众消费市场，那么它所拥有的卫星市场的潜力将非常巨大。

随着中国卫星大数据的增长，到2022年可能会达到250亿元的市场。比如地理信息产业，它的产值究竟有多大？2016年产值为4 000多亿元，到2022年，我国地理信息产值将超过8 000亿元。由此可见，卫星大数据相关的产业有比较大的市场，未来会持续蓬勃发展。

随着中国民营航天企业的逐渐成熟，以及中国商业航天体系链的逐渐完善，预计到2022年，包括商业火箭、卫星应用以及空间宽带互联网等在内的中国商业航天市场将形成数千亿级的市场规模。

2019年7月16日，由新浪财经主办的中国“科公司”峰会在北京千禧大酒店举行。来自监管层、上市公司、科创企业以及PE、VC行业的400余名嘉宾共聚一堂，就“科创时代的企业创新和政策护航”“科创时代的蝶变效应”“上市公司科技创新之变”等主题展开热议，共同探讨中国上市公司的科技创新之路。

颜军代表欧比特在中国“科公司”峰会上说，卫星发射比较容易，卫星制造起来也相对比较容易，但是要把卫星数据用到实处却很难！比如欧比特发射到天上的高光谱卫星，工程师们每天都在加班加点分析处理卫星数据。能不能在天上直接处理卫星数据呢？即数据从天上传回来的时候就是一个已经处理好的信息或知识产品，而不是等卫星在天上跑了几圈之后，地面才能接收到结果再去分析。

如果有一天，卫星的数据可以做到这样的即时性，在“扫描”地球或者“扫描”受污染的水域时，一边“扫描”一边把数据处理后直接传送到地面或客户终端，那将是商业遥感向前迈进的一大步。

还有遥感卫星，是不是带着一个高清摄像机到天上飞就能满足实际的要求呢？不是！卫星经常需要穿云破雾，在有雾的时候，要靠微波、长波、红外线等进行更精准清晰的“扫描”。

众所周知，人的眼睛只能看到780 nm，超过这个波长，即使物体在面前，睁大眼睛也分辨不出；要想继续分辨就得靠短波红外或长波红外去“驱动”。这就需要欧比特不停地研发和技术突破！

目前，中国商业航天公司有180家之多，其中有做卫星的、做运载的、做数据应用的，还有做产品服务的等。大家都在积极耕耘不止！

颜军希望这些兄弟公司能协同作战、互相配合，共同肩负起商业航天的责任和使命。只有共同合作，民营商业航天企业才会迎来大发展，才会共同分享“太空蛋糕”，才会共同推动中国商业航天事业的发展。

发展商业航天是世界潮流。中国发展商业航天一定要有中国特色，要在法律、政策、管理、产业链、人才等方面，进行顶层设计和部署，使之健康有序，从而使中国的“太空经济”更好地发展。

中国商业航天的发展值得期待，中国民营宇航企业将会更加蓬勃地发展。届时，当我们仰望星空的时候，天上会闪烁着更多真正造福于人类的“中国星”。

11

守护珠海，绿水青山就是金山银山

“绿水青山一张图”是基于遥感卫星大数据、人工智能及智慧政务为一体的服务平台。这个平台瞄准自然资源、生态环保、应急管理、海洋监测、智慧城市、交通管理等应用领域，利用高精度、准实时、高光谱数据，提供地理时空大数据服务，满足人民日益增长的美好生活需要。

商业航天与服务

商业航天的探索，在全世界范围内都是一项高技术、高风险、高投入的事业。虽然中国民营航天企业起步较晚，但发展势头迅猛。

我们可喜地看到，继欧比特成功发射卫星之后，又有一家民营企业成功组织并发射了“双曲线一号”运载火箭。

2019年7月25日13时，在酒泉卫星发射中心，一家民企组织发射了“双曲线一号”运载火箭，将“气球卫星”和“BP-1B”卫星送入预定轨道。

这家民企是中国民营公司“北京星际荣耀空间科技有限公司”。此次发射的“气球卫星”和“BP-1B卫星”分别由航天科工空间工程发展有限公司和北京理工大学研制，入轨后将开展一系列技术验证，这是该型火箭的“首飞”。

“双曲线一号”运载火箭，采用三固一液的四级串联构型，是截至目前中国民营航天起飞规模最大、运载能力最强的运载火箭，也是中国商业航天的“民间力量”第三次尝试入轨发射。该公司全面掌握了运载火箭总体及系统集成、固体及姿轨控动力、电气综合、导航制导与控制、测试发射、总装总测及核心单机等软硬件核心技术，具备了运载火箭系统工程全流程、全要素的研发与发射服务能力，实现了商业模式的基本闭环，正式启动了“商业运营”。

值得一提的是，在该公司发射卫星之前，也就是2018年5月21日5时28分，在西昌卫星发射中心，哈工大研制的“龙江一号”“龙江二号”两颗月球轨道编队超长波天文观测微卫星，同探月工程“嫦娥四号”任务“鹊桥”号中继星一起，由“长征四号丙”运载火箭成功发射升空。

“长征四号丙”运载火箭飞行25分钟后，星箭分离，将“鹊桥”和“龙江一号”“龙江二号”直接送入预定地月转移轨道，在轨运行状态正常。后续，“龙江一号”“龙江二号”将各自单独完成地月转移、近月制动阶段的飞行。其时，哈工大成为世界上首个把微小型探测器发往月球轨道的高校。哈工大经过20余年的探索，积累了丰富的微小卫星研究和工程研制的经验，完全掌握了微小卫星平台的核心技术，并建立了完整的微小卫星研制的管理规范和质量保障体系。截至2019年，哈工大研制的卫星已成功发射19颗。

太空探索永无止境，商业航天探索亦永无止境。

欧比特凭借“珠海一号”卫星星座发展了卫星大数据产业，打造了“绿水青山一张图”综合应用及服务平台。

“绿水青山一张图”平台基于层次化、松耦合的设计思路，提供了一个高弹性、高可靠性、开放的平台架构，这个架构能满足智慧城市的长期发展需要。

“绿水青山一张图”项目产生的各类基于高空间分辨率、高光谱特征的成果图层，由智慧城市综合服务平台的GIS平台发布。服务平台在自然资源、生态环保、农业农村、应急管理、海洋监测、智慧城市、交通管理等领域有着广泛应用，其面向政府各业务部门提供遥感监测产品服务，包括：（1）多源对地观测数据的整合：卫星遥感（多光谱、高光谱、雷达）影像，辅以航空摄影影像及物理网传感数据。（2）支持业务定制，针对具体需求设计相应的数据采集方法以及采集平台组合方案，满足指定的数据标准。（3）提供应急响应机制，基于遥感卫星星座，采用在线服务方式，利用专业的运营团队，直接对接政府及商业部门，确保应急机制下的服务运行。

“绿水青山一张图”项目体系的建设包括数据采集体系及数据处理体系的建设，基于智慧城市数据中心，提供行业部门数据定制、数据查询分析、数据分发等服务。

“绿水青山一张图”项目利用遥感、地理信息系统、全球定位导航系统、移动互联网络、云计算、“互联网+”以及大数据等新兴技术，基于国土资源“一张图”、“多规合一”、“数字水利”、污染源普查等基础成果，建设集地图展示、远程会商、应急指挥、实时共享于一体的“绿水青山一张图”通用管理及辅助决策管控平台。

通过整合多源遥感数据和地理空间数据，提供时空大数据分析、信息挖掘服务，实现自然资源、生态环境、农业、林业、城建等相关行业的数据采集、数据处理、数据查询分析、数据分发及导航定位等功能，为政府部门提供一体化的智能地理时空大数据管理平台。

2019年，欧比特在珠海市启动了“绿水青山一张图”项目，为城市的自然资源、住建规划、城市管理、环保、农业、海洋、防灾减灾、智慧交通、地下空间等综合性较强的应用领域，提供了高精度、高时效、多波段对地观测数据的数据采集及处理服务。为此，欧比特“立足珠海、辐射全国”，助力建设“智慧城市”的大幕也徐徐拉开。

欧比特与贵阳市人民政府签署战略合作协议、与宁夏回族自治区签署战略合作协议、与山东多市签署战略合作协议、与澳门科技大学太空科学研究所签署卫星大数据战略合作协议等，并在青岛、贵阳等地筹建或建成“卫星大数据产业孵化”基地，且与高校及研发机构达成合作协议。这些运作，只有一个目的，就是要将卫星应用真正“落地”，将我们的科研根植于祖国大地上！

欧比特“星征途”服务模式的探索永无止境……

与澳门科技大学签署卫星大数据战略合作协议

与贵阳市人民政府签署战略合作协议

与武汉大学共同成立卫星大数据处理联合研究中心

商业卫星与百姓生活密切相关

在很多人看来，卫星是名副其实的“高科技”。那么天上运转的卫星跟普通百姓有什么关系呢？

当卫星飞过头顶的时候，普通老百姓关心的是什么？他们关心的是喝的自来水有没有污染，吃的大米、面粉等食品健不健康，走在路上交通安不安全……卫星不是声势浩大地发射到天上就完事了，发射卫星的目的也不仅仅是让天上多一颗卫星，而是要让卫星真正地发挥作用，造福百姓。

“珠海一号”卫星星座的单颗高光谱卫星能在6分钟之内，采用推扫模式完成40万平方千米的全域拍摄，拍摄图像横向幅宽可达150千米，纵向幅长达2 500千米。这幅高清高光谱巨图，足以让我们变成“千里眼”，看遍地球上的茂密丛林、无尽草原、宽阔海洋、热闹的城市、安静的农村……

以“高分七号”卫星为例，大到“一带一路”重点项目规划、雄安新区的建设、冬季奥林匹克运动会场馆的选址，小到住宅小区、学校、公园的选址布局，都需要大量高精度测绘数据作为决策依据，而这都有赖于“高分七号”提供的1：10000比例尺测绘数据产品，包括数字线划地图（DLG）、数字正射影像图（DOM）、数字高程模型（DEM）和数字地形模型（DTM）。

每颗卫星的定位不同，它在天上的作用也不同。

拿“珠海一号”高光谱卫星星座来说，年覆盖面积理论上可达220亿平方千米，2.5天就可以覆盖全球一次，大幅度提高了卫星星座采集遥感数据的能力，固定地点的回归周期缩短至1天。这就意味着，一天时间就能实现对同一地点的重访，充分保障了对同一目标的持续观测能力，用户服务频次也得到了提高。

更为重要的是，高光谱卫星具备挖掘地物信息的“火眼金睛”。高光谱遥感是利用众多狭窄连续的光谱通道，对地物进行持续遥感成像的技术，具有光谱分辨率高、图谱合一的特点。由于植被、土壤、水体等不同地物有不同的光谱特性，光谱因而被视为辨别物质的“指纹”。通过分析在遥感观测中形成的光谱曲线，就可以识别不同物质、不同特性，通过反演，可以轻松地实现定量遥感分析。

一般而言，人眼可感知的电磁波波长在400 nm～780 nm之间。高光谱卫星可感知的范围更大，例如“高分五号”的高光谱相机可获取400～2 500 nm的波谱范围，“珠海一号”高光谱相机可获取400～1 000 nm的波谱范围。

与传统的遥感卫星相比，“珠海一号”高光谱卫星的光谱分辨率高达纳米数量级。光谱分辨率是光谱仪能分辨的最小波长的间隔，间隔越小，分辨率越高。比如5 nm光谱分辨率可在400 nm～405 nm之间分辨出1个波长，而2.5 nm的光谱分辨率就可以分辨出2个波长。高光谱卫星的信息含量更丰富，类似于采样。采样越密集，原始信息的还原度越精确。

相对于只能观测几何轮廓和颜色的定性遥感，高光谱卫星带来的定量遥感有助于精准分析地物物理、化学特征，具备对植被、水体、农作物等地物进行精准定量分析的能力，可用于环境生态监测、林业资源管理、智能水利应用、测绘GIS、精准农业服务和国土资源监测等。

2019年12月5日13时53分，广东省佛山市高明区荷城街道凌云山荫岗水库附近山体发生山火。火灾发生后，各级部门立即响应进行灭火救援工作。12月7日凌晨5时，山火南线、西线的明火已经基本扑灭。由于风力加大、风向改变，引发飞火引燃现象，东北线火情出现反复。上三台村、松柏村、珠江村3个飞火燃点因天气干燥，且受大风影响，救援难度加大。大火给环境带来了破坏，威胁到当地居民的生命和财产安全。欧比特迅速调用自有的“珠海一号”卫星星座对火灾区域进行了连续应急监测，并紧急开展火烧迹地识别及灾情评估分析。欧比特调取了佛山市高明区林火区域的历史数据进行对比，根据火烧迹地前后高光谱影像的异同，构建监测火烧迹地的模型，完成了火场边界的提取监测。通过分析，发现灾后植被覆盖区域，NDVI指数与灾前有较大差距。因此可判断出监测区域林火的过火严重程度，给灭火带来精确的数据。

大到森林火灾、海洋污染，小到百姓的衣食住行，都离不开卫星，卫星对城市建设和百姓生活的利好实在太多了。

为了让“高分卫星”数据更好更广泛地被应用，国家航天局于2016年创建了高分应用综合信息服务共享平台，为双创团队尤其是从事高新技术产业的团队提供软件和数据支持，降低他们获取高分数据资源的门槛和成本。同时还采取了搭平台、定标准、建体系、促联盟等措施，进行空间信息全产业链布局，将“高分卫星”应用在各行各业。

通过将高分科研项目工程化、产品化，并延伸高分产业链条，服务到经济社会发展的方方面面。目前，已形成各类专题产品400多个。我国还设立了以高分专项成果为基础的卫星产业基金，有力促进了卫星遥感的产业化发展。

商业遥感系统的建设和发展，为卫星大数据的产业化发展带来了机遇。卫星大数据已经应用到政府和商业客户群体中，随着互联网和移动互联网的发展，将逐步融入到百姓的大众生活中。

我们欣喜地看到，地图服务商上线了高分辨率的卫星及航空影像地图，用户可以清晰地看到建筑物、街道、园林景观；允许用户实时规划路线、实时定位公共汽车，推送公共汽车路线等；上线了街景影像服务，用户无须在路上即可欣赏沿途风景和信息；上线了各种空间信息大数据分析，如春节迁徙图、实时交通路况分析和预测、景点拥挤实况和预测等；上线了基于遥感影像的新闻事件跟踪和分析，帮助用户更深入地了解周边动态。这些

中国测绘学会理事长宋超智与王家耀院士受邀参加“欧比特杯”大赛颁奖典礼

公众遥感服务为百姓用户的出行、旅游、咨询提供了实实在在的帮助。

假如有一天在外迷路或丢失物品了怎么办？别急，只需卫星在“巨图”上花两分钟时间“扫描”一下，就能精准定位到自己家的位置，或找到丢失的物品。当然，这是一种想象。或许有一天，当满天“繁星”的时候，当“中国星”遍布太空的时候，当各种各样的“星座”每天在天空向我们“眨眼睛”的时候，当卫星与我们的生活息息相关，就好比我们日常使用的手机导航、实景地图等功能一样普遍的时候，那么，用卫星定位来帮自己找到丢失的物品就不足为奇了。

也许在不久的将来，以城市、企业、个人、大事件冠名的卫星应用于各行各业。而在浩瀚无垠的宇宙中，那些数不清的卫星将在各自的轨道上“遵章守纪”地畅游运行，去履行各自的职责。

为你冠名的卫星

2003年10月15日9时，酒泉卫星发射基地成功发射了“神舟五号”载人飞船，把我国首位叩访太空的航天员杨利伟送入太空。飞船在轨运行一天，于2003年10月16日6时23分在内蒙古自治区中部阿木古郎草原地区安全着陆返回。

“神舟五号”载人飞船搭载物品有一面中国国旗、一面2008年北京奥运会会旗、一面联合国旗、人民币主币票样、中国首次载人航天飞行纪念邮票、中国载人航天工程纪念封和来自祖国宝岛台湾的农作物种子等。还要特别说明的是酿造茅台酒的曲药、高粱和小麦也一同搭载“神舟五号”圆了飞天梦。

为了纪念这一重大历史事件，中国贵州茅台酒（集团）股份有限责任公司推出了一款具有纪念意义和收藏价值的酒——“神舟酒”。

2019年8月27日上午，在一场卫星冠名仪式上，茅台集团与珠海欧比特宇航科技股份有限公司宣布将用“飞天茅台”为后者的一颗卫星冠名。这是茅台集团在2003年用“神舟五号”将茅台酒原料送入太空后，与商业航天的一次跨界合作。被冠名的卫星是欧比特的一颗微纳卫星——高光谱卫星OHS-3B星，这是“珠海一号” 遥感微纳卫星星座03组中的一颗。

茅台集团党委副书记、总经理李静仁先生表示，“智慧茅台”拉开了茅台大数据应用的序幕，“飞天茅台”卫星的冠名，是茅台的大事、要事，必将成为推动“茅台制造”向“茅台智造”转变的里程碑事件。

“飞天”不但是航天人的梦想，也是茅台人的梦想！

颜军向李静仁总经理赠送了印制有“飞天茅台”的卫星模型及证书，并邀请集团领导于9月中旬到酒泉卫星发射中心现场观摩“飞天茅台”卫星发射入轨盛况。

茅台集团期待与欧比特加强大数据建设方面的合作,促进大数据、人工智能等前沿科技与茅台产业高密度融合，从而推进“茅台制造”

“飞天茅台”卫星冠名仪式

向“茅台智造”转变,进一步提升茅台品牌的影响力。

颜军表示，双方将以此次冠名为起点，欧比特将依托“飞天茅台”卫星及欧比特卫星星座，利用天空地一体化动态监测数据，包括自然资源监测、高粱种植及估产管护、赤水河流域水源和土壤监测、生态环境保护监测和安全应急保障等，为茅台集团各产业的持续发展、生产管理、经营决策等提供卫星大数据专业技术服务，助力茅台集团更加及时、准确地使用卫星专项数据，全面提升茅台集团的质量管理水平。这次“卫星”与“茅台”的碰撞，成为中国白酒行业与卫星大数据相融合的一大亮点，实现了让卫星真正服务于企业。

欧比特通过这种政企合作、产业联合、公益捐赠冠名权等方式，开辟了卫星冠名与数据应用相结合的新模式。

欧比特还分别与中国儿童少年基金会、山东省青岛市西海岸新区管委、山东省高密市人民政府、江苏今世缘酒业股份有限公司，对“珠海一号”卫星星座的另外4颗卫星进行了冠名。“珠海一号”卫星星座的这4颗卫星的冠名分别是：视频卫星OVS-3冠名为“春蕾计划之星”；高光谱卫星OHS-3A冠名为“西海岸一号”；高光谱卫星OHS-3C冠名为“高密一号”；高光谱卫星OHS-3D冠名为“国缘V9号”。而“珠海一号”卫星星座03组的高光谱卫星OHS-3B即冠名为上文提到的“飞天茅台”。

欧比特与西海岸新区、高密市政企合作冠名，深化遥感数据应用合作，推动了“绿水青山一张图”卫星大数据服务在两地实施，助力地区大数据与智慧城市建设，加速形成数据驱动型创新体系和发展模式，协助政府客户打造“数字政府”、发展“数字经济”，保护绿水青山。

欧比特向中国儿童少年基金会捐赠了“春蕾计划之星”卫星冠名权，以自己的方式支持了公益事业，通过新兴产业与公益产业相结合，探索协同发展的新模式。

“珠海一号”卫星星座03组5颗卫星的5个冠名，让“珠海一号”卫星星座更加生机勃勃，引人瞩目！

从此，你可以为自己的卫星冠名。

“青科大一号”卫星冠名仪式

“高密一号”卫星冠名仪式

“西海岸一号”卫星冠名仪式

打造珠海“绿水青山一张图”

“绿水青山一张图”是集遥感卫星大数据、人工智能及智慧政务为一体的服务平台，以“数据可共享、运营智慧化、数据中心化、业务全覆盖”为四大目标，通过分阶段建设，形成以数据采集、大数据处理和人工智能决策支持为核心的绿水青山管控决策支持系统，借助物联网、云计算、地理信息系统、卫星遥感、人工智能等高新技术，在自然资源管理、生态环境监测、分析评估及变化模拟的基础上提供实时有效的政府管控及领导决策支持服务。

“绿水青山就是金山银山”，欧比特自主发射并运营的“珠海一号”卫星星座12颗卫星基于高精度、高频次、高光谱卫星遥感监测技术，提出“绿水青山一张图”服务平台解决方案。

这个集卫星实时数据采集、行业需求、卫星大数据、大数据系统处理、实时共享、管控决策支持系统于一体的“绿水青山一张图”管理平台，提高了政府管理的质量和效率，有效支撑了政府精确决策、城市精细管理，从而可以满足人民日益增长的美好生活需要。

与珠海市签署《“珠海一号”卫星大数据产业孵化及应用推广合作框架协议》

与广东省城乡规划设计研究院签署战略合作协议

12

国资入主，欧比特迎来新时代

2019年11月22日，“格力金投”入主欧比特。国资入主，将会使公司运营更加规范，发展更加长远。

国资入主，新掌舵者积极布局

2019年11月22日，欧比特传来捷报：“格力金投”入主欧比特。

“格力金投”是格力集团的全资子公司，实际控制人为珠海市人民政府国有资产监督管理委员会（简称珠海国资委），主营股权投资、资本运营管理、资产管理、资产重组与并购、财务顾问服务等业务。

珠海国资委旗下的“格力金投”通过协议受让的方式，直接成为欧比特的第一大股东。而欧比特原来的控股股东则放弃所持部分股权的表决权，将“格力金投”送上新主之位。

欧比特在11月22日晚间发布公告：“格力金投与新余投资、金鹰基金及金元顺安分别签订协议，拟受让新余投资、金鹰基金及金元顺安合计持有的欧比特5 307.15万股股份，该部分股份占公司总股本的7.56%（剔除回购专用账户中的股份数量后的比例为7.62%）。”

“格力金投”拟协议受让转让方合计持有的5 307.15万股股份，占公司总股份的7.56%，转让价格分别为每股15.62元、15.47元、

15.63元。同时，公司控股股东颜军签署《关于放弃表决权事宜的承诺函》，协议转让完成后将放弃所持公司2.55%股份对应的表决权。

上述事项实施后，格力金投将持有上市公司15.08%的股份，成为上市公司控股股东，珠海国资委将成为欧比特的实控人。

在“企查查”上的数据显示，珠海国资委对外投资的企业多达26家(仅包含直接投资)。其中，持股比例在51%及以上的就有24家，涉及的产业涵盖商贸、港口运营、交通运输、房地产、水务环境、纺织等。

为了更好地服务集团和满足各业务板块的金融服务需求，格力集团围绕珠海市委市政府金融创新目标和要求，为珠海市重大项目建设和产业转型升级提供金融配套支持，并在国资委的支持下于2017年5月成立全资子公司“格力金投”。格力集团是珠海市规模最大、实力最强的国有龙头企业，是珠海国资委最主要的投资平台。

格力集团在2018年营收超过2 000亿元，同比增长33.37%；净利润超260亿元，同比增长15.86%，分别占全市国企总量的71.78%和61.64%。

格力集团自成立“格力金投”以来，充分发挥国有资本的引领和带动作用，为珠海城市建设和实体经济发展保驾护航。目前，已发起成立了一批投资基金，资管总规模近50亿元。其中，“格力金投”出资20亿元参与组建和运营管理的珠海基金于2019年7月荣登清科研究中心“2018年中国政府引导基金30强”榜单，成为唯一进入前10强的地级市政府引导基金。

“格力金投”此次入主既表明了对欧比特发展前景的看好，也是双方强强联合的具体表现。颜军在做客《证券时报》访谈时回应说，

“格力金投”溢价入股，是因为具有国资委背景的“格力金投”十分看好欧比特的发展，这是“格力金投”在对公司进行充分评估后做出的一个长期的投资行为，而不是短期的二级市场行为。因为涉及控制权变更，所以通常情况都是在市场价值上进行评估并给予适当溢价。对于协议转让的价格，国资委方面也做了充分评估和协商。

总体而言，“格力金投”的此次投资在其可控范围之内，对大家而言是一个多方满意的结果。

作为国内宇航电子领域的龙头企业，欧比特一直稳步推进卫星大数据业务。目前，欧比特是全球范围内拥有高光谱卫星在轨数量最多、高光谱卫星数据服务能力最强的民营上市企业。

欧比特在“珠海一号”卫星星座的布局，及以其高水平卫星观测服务能力打造“绿水青山一张图”，彰显了公司不断发展卫星星座和挖掘数据下游应用市场的决心，大力推动了卫星大数据业务的发展。“格力金投”控股欧比特是看好其未来发展。作为欧比特的新掌舵者，珠海国资委在各领域的产业投资动作频频。“格力金投”凭借国资背景、资源优势以及丰富的资本运作经验，旨在着力打造“珠海集成电路设计生产平台”和“卫星大数据应用服务产业”，并有望进一步助力欧比特快速推进卫星大数据、人工智能芯片等国家战略新兴产业不断向前发展。

未来，欧比特或将借助“格力金投”，将自身打造成具有产业带动效应的集成电路与卫星大数据应用与服务平台，“格力金投”也有望成为全国范围内具有影响力的产业资本运作平台。

更大的市场，更好的创新条件

格力集团与欧比特同属珠海企业。作为国内宇航电子领域的龙头公司，欧比特近年来稳步推进卫星大数据业务，目前是全球范围内拥有高光谱卫星在轨数量最多、高光谱卫星数据服务能力最强的民营企业。欧比特在高水平卫星观测能力的基础上，也不断挖掘数据下游应用市场，推动卫星大数据业务发展。

特别是欧比特中标“绿水青山一张图”项目，依托该项目构建卫星大数据服务于智慧城市的示范和模式后，在全国各地市场反应良好，部分区域已取得较大进展。

业内人士分析指出，具有珠海国资背景的“格力金投”战略入股欧比特，有望为公司推广政府级客户带来助力，可共同拓展卫星数据分析在政府端的应用市场。

虽说国有资本与民营资本的合二为一，为双方共同发展创造了良好开端，但此次控股之举引来了网上以及各大新闻媒体和股民的热议。

欧比特作为卫星大数据服务能力较强的民营上市公司，它的每一次变革、每一步跨越、每一次探索，自然会引来无数人关注的目光。

有的媒体这样解读，本次国资入主，对于欧比特来讲可能是非常的机遇。欧比特虽然有业务，但由于宇航电子、卫星大数据等业务涉及国家核心利益，且在市场上还要与众多“国字号”的科研机构、企业展开竞争，单打独斗创造的效益也许会受限。而现在有国资的入主，将彻底改变这个局面。有些媒体推断，宇航企业承担的风险太大，对于企业的实控人颜军来说，找个“接盘手”是再好不过的选择。也有的媒体报道说，此番出让表决权和公司控制权，对颜军来说是“脱身”，或是隐藏着哪些不为人知的“秘密”。

众说纷纭、褒贬不一，颜军说：“这些都不是我们走出今天这一步的原因。首先，我们是公众公司，一切都要听股东大会的决定。在珠海国资进驻之前，公司的股东组成已经出现了国资成分，比如中国航天科工集团有限公司、中国中信集团有限公司、各大银行等，这些股东也在关注着公司的发展，也会提出它们的思路，我们作为管理层需要听取大家的意见。

“其次，作为在珠海一步步成长起来的明星企业，欧比特公司对珠海的发展腾飞有着深深的期盼，我们希望尽自己的全力来助力珠海科技及产业的发展。适逢珠海市委市政府决心在集成电路和卫星大数据方面积聚产业、做大做强，珠海国资委便开始启动了对欧比特的投资。”

珠海国资委和格力集团对欧比特非常看好，对欧比特公司的发展规划、业务布局、技术研发、管理配置等非常支持。格力集团的董事长周乐伟携管理成员多次来欧比特考察研讨，对于公司的技术产品研发、产业布局等关心备至，他提出的宇航芯片、卫星大数据、智慧管网、智能测绘设备等方面的建议对于欧比特进一步加大研发力度，在行业做出特色、争当领头羊起到了推波助澜的作用。

2020年3月，公司董事会针对AI技术产品、SIP技术产品和智慧测绘设备的研发和产业化计划融资17亿元人民币，这是国资入主之后，公司推出的最大一次融资！这是对公司创新能力的肯定，也是珠海国资委对于欧比特为珠海进一步做出贡献的期望。

在格力集团控股之后，欧比特成为国资控股企业。负责市场营销的同事们感受到，欧比特公司的技术产品将面对一个更大的市场。

这不是一次原实控人急于离场的行为，颜军也从来没有这个想法，他想的是公司及同事们在更高更大的平台上有一个大发展的长远布局。长远来看，格力集团控股欧比特，或许才是中国商业航天领域一次真正的价值发掘。

“公司长远发展就是我的期望”

2014年，公司确立了卫星大数据为公司未来中长期战略方向，并启动了“珠海一号”星座计划。

此时除欧比特外，全球微纳卫星星座计划还有Orbcomm通信卫星星座、Aprize通信卫星星座、鸽群(Flock)卫星星座，3家均为美国企业，它们通过商业化运作分别在美国的通信、交通、影像等方面发挥重大作用并获利颇丰。其中，“鸽群”卫星星座目前是全世界唯一具有全球高频次、全覆盖能力的遥感卫星系统，对于某些热点地区和国家甚至可以达到每天超100次的观测频率。

而欧比特的“珠海一号”星座计划，则由34颗不同类别的微纳遥感卫星组成，包括视频卫星、高光谱卫星、高分光学卫星及雷达(SAR)卫星等，具备视频成像、高光谱成像、SAR成像、红外成像等观测能力。

通过地面接收站的协同，将产生的卫星大数据经过地面系统接收、储存和处理变成具有高附加值的卫星大数据产品，一方面为各类型的客户提供最新型的卫星大数据产品及服务，另一方面为一些创新企业提供数据，供其进行二次开发。

欧比特的卫星是自主建设运营的，虽然掌握了核心技术，但在卫星研发和配套基站建设等方面仍投入了大量的资金。航天产业普遍具有前期投入大、回报周期长、不确定风险高的特点。而2019年3季度在建工程继续大幅上涨，有可能是为04组卫星研发和配套设施所做的准备。

除了欧比特，中国卫星、航天科技集团、北斗星通、超图软件和航天宏图也均从事相关或类似业务。因此为了尽快推广卫星大数据业务，欧比特的销售费用也在不断上升。预计后续在航宇级AI芯片、后继卫星、地面基站方面还需要更多资金投入。这对一家民营企业来说压力是非常大的。

此时资金雄厚的“格力金投”入主，跃升为公司第一大股东，能够有效地导入资源，充分进行优势互补，还有可能为星座计划提供充足的资金支持，有利于公司的长远发展。

中国航天直到2014年国内政策放开，才有一批民营企业开始了中国商用宇航领域的探索。然而即便在2014年政策开放以后，中国的商用航天领域发展依然处于探索阶段，商用航天产业并没有受到广泛关注，到了2018年这种状况才有所转变。

中国商用航天产业作为一块投资洼地、一片蓝海，还尚未被挖掘，广大投资者尚有一段较长的认知过程，而国内嗅觉最灵敏的正是这些风投机构。“格力金投”正是成功捕捉到了国内商业航天产业的潜力，在第一次举牌完成以后，便看好欧比特的发展前景，未来会继续增持。

事实证明，“珠海一号”星座计划是非常优质的资产，它用8 362万元人民币的首个订单证明：卫星大数据产品的需求是巨大的，商业航天未来的发展空间是巨大的。同时，在广东省的支持下，欧比特在珠海打造了围绕卫星大数据应用的“珠海地理信息产业孵化园”，真正将卫星大数据产业积聚到珠海发展壮大。

从海外经验来看，美国遥感卫星下游应用市场主要还是行业端应用居多；从国内的发展情况来看，遥感卫星应用市场主要集中于政府端，国资的进入可以助力公司在政府端业务上的拓展。而欧比特这次迎来珠海国资的入主，对卫星大数据业务在全国各地政府端市场落地大有裨益。

“格力金投”成为控股股东后，将有利于进一步提升公司的行业地位及竞争力，增强公司的盈利能力和抗风险能力，形成国有资本与民营资本混合所有制经济共同发展的良好局面。既可保证公司的创新活力，又提升了公司的进一步规范化管理，有利于维护上市公司及中小股东等多方面的利益。

作为欧比特公司的创始人，颜军诚恳地说：“公司长远发展就是我的期望！只要是对公司发展有利的，我都会支持。国资入主，将会使公司更加规范运营，长远发展。是不是第一大股东并不影响我对公司继续做出贡献，我和团队对公司发展都很有信心。“格力金投”也认为，公司核心团队要保持稳定。从长远来看，欧比特可以发挥国资企业的优势，也会进一步提高公司的盈利能力和行业地位。国资入主对公司的发展十分有利。”

13

感恩祖国，我的『中国芯』

在中国航天发展的历史长河中，有很多可歌可泣的英雄人物，有很多创造出辉煌成果的先行者，还有很多默默奉献的无名英雄。对颜军来说，他的旅程就是一个中国航天人逐梦商业航天的旅程。而这一切只源于三个朴素的大字：“我热爱！”

永远忘不了国家的培养

2019年4月6日0:41，颜军在微信朋友圈写下这样一段话：“夜已深，我极目远眺的星空，已消失在漆黑的夜。星星点点，是我脚下的都市，明天，让我们期待。”

在这条朋友圈信息发出的3周前，颜军收获了一份来自国务院的荣誉。

2019年3月14日，经国务院批准，国家人力资源和社会保障部公布了“2018年享受国务院政府特殊津贴人员名单”，作为欧比特董事长的颜军，名字赫然在列。国务院政府特殊津贴是我国对于高层次专业技术人才和高技能人才的一种奖励制度。根据选拔条件要求，选拔工作要围绕国家重大战略、重大工程、重大项目，聚焦“中国制造2025”“人工智能”“大数据”等产业和行业。这份来自国家的“礼物”给了颜军极大的鼓舞和信心。

2019年4月6日这天离即将再次发射卫星的时间仅剩下5个多月，他和卫星团队的工程师们这半年来基本上没正常休息过，每天都在为

2019年9月19日即将第三次发射的“珠海一号”奋战！

每当颜军在电视里看到中国的运载火箭腾空而起，成功发射的那一刻，他就会感到热血沸腾，那份“我是航天人”的荣耀和自豪感就会油然而生。中国航天力量作为推动中华民族走向复兴的重要部分，令世界震惊！

每当颜军看到中国国旗在激昂的国歌中升起的那一刻，他就会因“我是中国人”而感慨万千、心潮澎湃，因为他对家乡、对祖国的热爱是那么深、那么真……无论身处哪里，无论在哪个国家，祖国的山山水水、家乡的一草一木时常让他魂牵梦萦。

不管身在何处，在颜军记忆中最美的风景，就是他的出生地——颜家太洛。小时候，颜军经常在傍晚霞光满天的时候，站在河岸边看天上的晚霞，那变幻无穷的彩云，在霞光的照耀下格外耀眼美丽。

“无论我到哪里，家乡是我命中注定离不开的地方。”他在梦里时常会梦见家乡的山山水水。

在颜军看来，他的成长离不开家乡，离不开母校，更离不开祖国对他的培养。“我是一个从农村走出来的孩子，我的根始终在祖国。”

颜军忘不了16岁那年，他从山东高密来到哈尔滨工业大学报到。这是颜军第一次出远门，也是他第一次乘坐火车，颜军第一次来到高楼林立的大城市，他从来没有想到有一天会离开祖国去欧洲及北美留学。

1988年10月23日，颜军离开北京赴爱尔兰的那一天，是他人生中第一次坐飞机。颜军忘不了出国之前回家乡看望父母时，父母语重心长地说：“你到国外要好好学习，不要辜负国家对你的期望。”而颜军归国创业的第二年，2001年的3月母亲永远离他而去了。

20世纪末，中国与西方发达国家的社会经济发展存在差距，底子薄弱。国外对国内的高新技术和产品出口设立了很高的“壁垒”，但也因此为中国人创新创业提供了更大的前景空间。

后来，国家加大市场开放力度，并大力引进人才，鼓励人才创业。在珠海扎根20年来，颜军一直得到国家、省、市领导的关怀和支持。

颜军更忘不了，作为首批入选国家重大人才工程专家，应邀参加了“60年国庆观礼”活动。当颜军看到各种型号的中国产品陆续驶过长安街，看到祖国的繁荣富强时，他为祖国的强大感到自豪，也为珠海企业而骄傲！

“时代造就了我与欧比特”

颜军在创业初期，得到了珠海市政府的大力支持。从那时起，颜军就暗下决心：“一定要为国家、为珠海干出点事情！”

欧比特公司“送温暖献爱心”捐助稔尾小学

2011年欧比特公司对口帮扶普宁稔尾村

2003年7月，在对“SAILING S698处理器芯片”进行鉴定的会议上，以张履谦院士、梁思礼院士为首的鉴定委员会专家，一致认为“S698处理器芯片，达到了国际同类产品的先进水平，部分性能指标已超过国际同类产品，填补了国内空白”。该项目荣获国防科工委科学技术进步奖三等奖（2005年）。

2006年，颜军主持研制的具有自主知识产权的“32位税控机SOC处理器-S698-ECR”，荣获2006年度国家重点新产品称号（由科学技术部、商务部、国家质量监督检验检疫总局、国家环境保护总局颁发），并荣获科学技术部颁发的“国家火炬计划项目证书”。

2007年，颜军参与的“微小卫星电子系统一体化技术研究”，荣获科学技术进步奖三等奖。

2009年，颜军荣获中共中央组织部国家重大人才工程创业人才荣誉称号。

2011年，入选中共中央组织部、人力资源和社会保障部“特聘专家”。

2012年，被评为“珠海30年创新人物”。

2016年，作为创新人才荣获中国侨联“中国侨界贡献奖”。

2018年，颜军主持研制的“珠海一号”卫星（OVS-1）空间信息平台，荣获地理信息科技进步奖二等奖。

2019年，颜军主持研制的“珠海一号”高光谱卫星星座建设与应用，荣获测绘科技进步奖一等奖。

2019年，颜军主持研制的“珠海一号”高光谱卫星星座建设与应用，荣获地理信息科技进步奖一等奖。

2019年，入选“享受国务院政府特殊津贴人员名单”。

…………

从2000年到2020年，从欧比特在珠海的20年发展中，颜军切身感受到中国的创业环境越来越好，国家对新兴产业、高科技产业的支持力度越来越大，产业发展的基础越来越扎实，国内与国外的技术差距也逐渐缩小，在诸多方面甚至超越了国外。

作为一个践行者，颜军带领团队20年来不忘初心，解决了高端宇航电子自主化的难题，填补了国家航空航天领域的一些空白。这些让颜军感到很欣慰，也更加坚定了他报效祖国的决心。

公司员工出游活动

欧比特员工欢乐彩色跑活动

2014年“商业航天”相关政策出台之后，当欧比特提出布局“卫星空间信息平台”、打造卫星大数据产业的发展战略时，得到了广东省政府及珠海市政府的大力支持。2018年，广东省批准成立了“广东省国产卫星产业技术创新联盟”，颜军被选为联盟的第一届理事长。

8位院士，12位专家教授，100多人的欧比特卫星团队……最后，经过诸多业界人士的“把脉”，最终公司业务定位为“商业遥感卫星星座”和卫星大数据。

颜军在航天领域的几十年间，见证了中国航天产业的高速发展，也与欧比特一起走过从产业依赖到自主创新的每一步……这一切离不开国家对商业航天产业的政策引领、资金支持，离不开科技人员对航天事业的实干与奉献！

颜军从山东高密一个小村庄走出来，历经哈工大、中国航空航天工业部第三研究院、爱尔兰科技署、爱尔兰都柏林城市大学、多伦多大学、加拿大ICCT科技公司、珠海欧比特……他的每一个选择，每一步成长，都离不开家乡、母校、单位、国家对他一点一滴的培养。

颜军很自豪用20年时间创建了欧比特品牌，研制了S698芯片，打造了“珠海一号”卫星星座。是欧比特造就了“珠海一号”，还是“珠海一号”成就了欧比特？或者说，是这个时代造就了欧比特。欧比特成功的定义是什么，仅仅是把“珠海一号”卫星星座送入太空吗？欧比特的未来之路还很遥远。颜军在经历了高考、改革开放、出国留学、珠海创业、参与商业航天等一件件大事之后，他作为一个航天人，仍在努力实现自己的人生梦想。

欧比特与颜军真正的成功不仅仅是“珠海一号”，而是他们参与了这个时代，参与了中国航天事业飞速发展的大时代!

在漫长的中国航天发展的历史长河中，有很多可歌可泣的英雄人物，有很多创造出灿烂辉煌成果的先行者，还有很多默默奉献的无名英雄，而欧比特和颜军只不过是这个大时代中的沧海一粟。对颜军来说，这段历史就是一个中国航天人逐梦商业航天的旅程，而这一切只源于三个朴素的大字：“我热爱！”

商业航天属于高科技，门槛高，一般企业进不来。欧比特地处珠海，得益于珠海市政府领导对高科技企业强有力的支持，得益于珠海改革开放后在粤港澳大湾区的地域优势，得益于抓住了历史机遇，将业务延伸到卫星大数据的方向去发展。欧比特投身于商业航天事业的发展浪潮中，建设“珠海一号”卫星星座，符合粤港澳大湾区的发展。

珠海作为沿海开放城市，毗邻港澳。欧比特在珠海发展卫星产业，不仅面向中国大陆，也面向东南亚等“一带一路”的沿线国家。所以，商业航天事业对国家发展大计有重大而深远的意义。在珠海20年来，每当颜军想到欧比特得到了国家、省市、专家学者等各方的支持，都感觉特别温暖，感觉特别幸运：“我会一直做下去，为了回报祖国，为了青山绿水，为了造福珠海……”

2019年9月19日，“珠海一号”卫星星座第三次成功发射。当晚的《新闻联播》播出了这一振奋人心的盛况：今天14时42分，我国在酒泉卫星发射中心用“长征十一号”运载火箭，采取一箭五星的方式成功将“珠海一号”03组卫星发射成功，卫星顺利进入轨道。

卫星成功发射3天后，从太空传出了卫星第一批“新疆玛纳斯县”

的数据图。看到这一张张高清彩色图，颜军感慨万千。2019年9月22日晚上10点36分，他在朋友圈中发了几张来自太空的高清数据图，并发了一条微信："感谢伟大的祖国，使我们美梦成真！"

“珠海一号”帮助巴基斯坦抗击蝗虫

从2020年1月开始，数千亿只蝗虫席卷了东非、中东、南亚等地。其中，巴基斯坦是这次蝗灾的重灾区，正遭遇27年来最严重的蝗灾。1月31日，巴基斯坦政府宣布全国进入紧急状态，蝗虫卵将在3月下旬逐步孵化，新的蝗虫群可能在3月底前在俾路支省地区形成。

巴基斯坦这次受灾后，中华思源工程扶贫基金会联合欧比特无偿向巴基斯坦提供高光谱卫星数据配合巴基斯坦抗击虫害。通过高光谱卫星拍摄影像数据，然后利用卫星数据来辅助评估和预测蝗害的准确情况，有助于巴方抗击蝗虫灾害。

2020年3月2日上午，巴基斯坦伊斯兰共和国驻华大使馆穆尼伯·艾赫迈德（穆睿，Muneeb Ahmed Pasha）秘书、中华思源工程扶贫基金会外联部陈晓方部长一行6人莅临欧比特北研院，与总经理颜志宇、副总经理蒋晓华等召开视频会议。双方共同就巴基斯坦蝗灾治理，以及卫星遥感在灾害监测方面发挥的积极作用展开讨论。

通过“珠海一号”的高光谱及高分辨率，可以采集植被丰富的光谱信息、定量反演植被生长动态变化信息，对森林病虫害分布情况进行有效提取，及时获取病虫害所在的地理位置、灾害等级、面积统计等信息。并对可能发生病虫害的地点进行预测，为监测病虫害的发展动态和病虫害防治工作提供决策支持和技术保障。

传统的病虫害目测手查单点监测方法和有限站点的气象数据预测方法，只能获取“点”上的病虫害发生信息，远远不能满足“面”上对病虫害的大面积及时防控需求。而遥感相对于传统病虫害田间调查技术手段而言，能够高效、客观地在大尺度上对作物病虫害发生发展状况进行动态监测和预警，对及时、高效和科学防控病虫害具有重要意义。

高光谱遥感技术在农业中获得广泛使用，因其实时、准确等优点成为病虫害早期预警和病情控制的有效方法，逐渐成为农业遥感应用的主要前沿技术手段之一。

蝗虫不仅具有很强的适应能力，而且具有很强的繁殖能力。只要气候条件和环境适宜，蝗虫的繁殖能力会进一步增强。但蝗虫卵的孵化也受气候条件约束，温度低和土壤湿度太高都不利于蝗虫卵的孵化。因此，通过卫星遥感数据反演土壤温度和湿度做指标,可以对未来蝗虫的发生情况进行预警。

比如可以在通过遥感监测蝗虫卵分布地区的土壤温、湿度的同时，实地考察当地的蝗虫孵化量，建立蝗虫孵化率遥感反演模型，从而通过卫星遥感数据反演蝗虫孵化率分布数据，进而对下一次的蝗虫爆发进行预警，并以此为依据制订出蝗虫孵化时期的防治计划。

巴基斯坦抗击蝗虫灾害刻不容缓。欧比特采用多时相的“珠海一号”高光谱卫星遥感数据（2020年1月初和2月底的卫星遥感数据）对巴基斯坦俾路支省东北区域进行监测，通过长时间序列的卫星遥感数据分析农田植被的变化情况，判断发生蝗灾的农田范围和受灾程度。

未来，欧比特将继续在抗击蝗灾中不断探索与实践，进一步加强与巴方合作，为巴方建立“天地一体化”监测体系平台提供农业、水利、环境、城市建设等方面的卫星监测服务。

“星长征”，欧比特再征航天路

欧比特从小到大、从弱到强、从珠海到全国再到国外……每一步发展都凝聚着航天人的巨大付出，选择了宇航事业，就是选择了一条艰难险阻的“长征”路。欧比特从2000年在珠海创立，已经在这条“长征”路上走了20年。

“长征”气贯长虹，“长征”翱翔苍穹。当中国第一枚火箭直射云霄的时候，人们看到乳白色的运载火箭弹体上写着两个鲜红的大字“长征”。

每当我们在电视中看到中国“长征”号运载火箭破云穿雾、直飞苍穹，总会振奋不已。然而，在我们欢呼雀跃的同时，却很少思考过为什么中国的系列运载火箭都叫“长征”？

“长征”寓意我国火箭事业一定会像红军长征一样，克服任何艰难险阻，到达胜利彼岸。

1970年4月24日，我国成功发射了第一颗人造卫星，载星火箭就是“长征一号”。而“长征一号”的研制也是一次万里“长征”。从1958年开始到1970年发射成功，这次“长征”足足走了12年！

为发射我国第一颗人造地球卫星“东方红一号”，中国运载火箭技术研究院在北京南郊诞生，钱学森出任院长。

火箭设计之初，大家都在想给火箭起个什么名字，中国运载火箭技术研究院第一设计部总体设计室的同志们，有感于毛主席著名的《七律·长征》中表现出来的红军为实现革命目标，藐视一切困难、不惧任何艰难险阻的顽强斗志和勇往直前、不怕牺牲的大无畏精神，提出建议并经上级领导批准，将火箭命名为“长征”。

为研制“长征一号”，每攀登一个技术台阶，都需要攻克大量难关。在当时，除了钱学森外，其他科研人员都没有见过导弹、火箭是什么模样，更不懂怎样设计和生产导弹。大家不懂就学，边干边学。他们发扬红军长征时不怕牺牲的精神，冒着生命危险完成了各项重大试验任务。“两弹一星”元勋郭永怀在飞机失事时人都烧焦了，却完好保存了数据。当年，他坚决放弃国外优越的研究条件回到祖国建设实验室，并劝说在国外的学生一起回国。

钱三强、郭永怀、钱学森、赵忠尧等数百位科学家都是冲破重重阻力坚决回到祖国。正是因为他们，“神舟十一号”、国产航母、大飞机等一个个震惊世界的科研成果才得以诞生。长征精神就凝聚在那一枚枚小小的写着“中国芯”的芯片里，是它们共同推动着中国的民族富强，共同支撑起中国的强国之梦！

为了发展我国航天事业，国家从全国各名牌大学选调了4 000名大学生。他们来到戈壁滩，加入航天试验队伍，开始艰苦创业。参加重大试验任务时，面对生死考验，大家都写下遗书，交了“最后的党费”。经过长期艰苦的努力和探索，“长征一号”运载火箭终于将我国第一颗人造地球卫星送入轨道，而有的大学生，就永远倒在了戈壁滩的长征路上，再也没有起来……

“长征”成为我国系列运载火箭的标志性名称，一代代航天人前仆后继踏上了献身祖国航天事业的新长征。而欧比特成功发射“珠海一号”03组卫星是“长征”系列运载火箭的第311次航天飞行。

对于欧比特来说，“珠海一号”03组卫星的成功发射，就像是踏上了太空中的“长征”路，是颜军和欧比特“星长征”的开始。

2019年9月23日，在“珠海一号”03组卫星成功发射3天后，颜军感慨万千，他在朋友圈中写道：“我们不忘初心，始终为我们的商业航天理想，为中华民族繁荣昌盛，为祖国人民幸福而奋斗终生。”

这发自肺腑的话语饱含了颜军的信心和决心。

卫星升空是迈向商业航天的第一步。卫星被发射到太空后能否满足社会经济发展过程中日益增长的服务需求？“卫星”与“市场”如何对接？颜军、卫星技术委员会专家和欧比特科研人员一直以来都在寻找它们的答案，这也是各级领导一直询问的问题。

习近平总书记提出的“绿水青山就是金山银山”的绿色发展理

念，为中国航天事业指明了卫星大数据应用的方向。“绿水青山一张图”就是颜军一直寻找的答案。

欧比特打造的“绿水青山一张图”服务平台以及卫星大数据服务等如星星之火燎原神州，如今已辐射全国，在许多地市推广应用，并启动了对广东、贵州、湖南、新疆、山西、河南、广西、山东、重庆等省市自治区的覆盖。特别是在“格力金投”以持股比例15.08%入主欧比特、珠海国资委成了新的掌舵者之后，欧比特的卫星大数据业务有望借助实力雄厚的国资委加快发展速度，共同拓展卫星大数据分析平台在市场的应用。

与此同时，欧比特还加大业务整合力度，拓展产业链，朝着融宇航电子、卫星大数据、人工智能大系统、航空航天飞行器等新兴高科技产业为一体的“世界一流商用宇航公司”奋进！

颜军希望能有更多的民营企业加入到航天行业，去制造更多的火箭、卫星，去做这件功在当代、惠及千秋的伟大事业，让更多的“中国星”照亮太空。

无论未来的“星长征”任务如何艰巨，无论前方的路途如何遥远，颜军和“欧比特人”将一如既往地走在“星长征”的路上。

“星长征”，再出发。

在未来的几年里，欧比特将陆续完成34颗遥感卫星的组网运行。届时，我们能“穿越”太空，在地球上看到由分布在不同轨道的34颗视频卫星、高光谱卫星、雷达卫星、红外卫星等组网而成的更高清的“巨图”。

到那时，当我们仰望星空的时候，遨游在太空中的每一颗“欧比特之星”，将会记载当今中国一位民营企业家敢于探索、勇于开拓，去追寻“航天梦”，把卫星送入太空的传奇故事。那闪烁着智慧之光的每一颗欧比特之星，在浩瀚的夜空中将永不熄灭。

谨以此文献给那些为航天事业默默奋斗的欧比特人

灿烂星空，谁是真的英雄？

2017年6月15日上午11点，“珠海一号”卫星星座01组两颗遥感卫星发射升空。这是欧比特第一次将遥感卫星发射升空，以此来验证卫星空间信息平台建设的理念，来考核卫星星座到卫星地面系统技术的可行性，同时来触摸商业遥感卫星系统的运作机理。

在将“珠海一号”01组卫星发射入轨后，颜军和他的“卫星团队”没有时间欢呼，没有时间激动，没有时间庆祝，因为卫星升空仅仅只是开始，最难熬的是卫星进入太空之后几个月的地面测试。

初次发射这两颗卫星，其是否能在太空正常运转？卫星数据传输链路是否完整？各条卫星运控指令能否正常执行？这一切的未知数，都需要至少3个月的地面测试之后才能确定。

如果卫星出现一点点纰漏，以现有的设计方案，已经进入太空的卫星是没有办法被修复的。所以“不让卫星带着遗憾升空”，不能让卫星出现任何纰漏！为了“零纰漏”，每一个参与“珠海一号”卫星星座卫星制造的“欧比特人”以及各个合作方都必须严肃认真、一丝不苟、严格按照设计规范来进行工程实施，严把质量关；每个参与该工程的工程师和研发者，都承受着巨大的压力。在卫星升空之前必须按规范一次次去测试，一遍遍去检查，一点点去完善。因为在“珠海一号”卫星星座的背后，是几万个股东的希望，是欧比特的未来，是无数航天人的梦想，是中国商业遥感卫星产业迈出的坚实一步！

作为欧比特董事长和创始人的颜军，他更加希望商业遥感卫星产业在中国大地上发展壮大，他更渴望欧比特在这个领域的成功。因此，他在不断逐梦商业航天，他在规划，他在实践！在逐梦的路上，他的决心毅力可能比任何人都坚定，他的压力也比任何人都大。从留学海外到回国创业，可以说他几十年都在和智能控制技术、嵌入式处理系统、嵌入式宇航芯片打交道。为了搞研发，他曾在实验室度过了无数个不眠之夜。连他自己也没有想到，他沿着“轨道”从海外转了一大圈，绕到了珠海！冥冥中如同欧比特三个字的寓意一样，他一直在预定的轨道上行走飞行，带领大家完成卫星升空的使命。这，或许就是颜军的“天命”吧！

勇士出征，以酒壮行；卫星发射，先祭英雄。

在酒泉卫星发射基地的每次发射前，颜军都会带领团队去基地的烈士陵园去扫墓，站在墓碑前，颜军和同事们心潮起伏、心存感激。正是他们这些英雄的付出，才有今天幸福的生活，才有今天的卫星升空。

欧比特卫星发射，是国家力量的体现。同时，这是中国首家民营上市企业为构建空间卫星信息平台而打造的遥感卫星星座，对中国商业航天的发展来说具有重大的意义。

不过，颜军清醒地认识到，仅凭个人或欧比特公司自身的力量，是根本不可能完成卫星星座建设的，必须依靠国家的力量。在他身后凝聚的是由多个德高望重的院士、十几位专家教授以及欧比特100多名精英组成的“卫星团队”，这个“卫星团队”充分发挥产学研的合作优势，与我国高校及航天行业的各路精英展开紧密合作，为着一个共同的目标，为着我国商业遥感卫星产业的发展，精诚合作，共同努力，才打造出今天的“珠海一号”遥感卫星星座。这个过程，欧比特得到了国家、广东省和珠海市各级领导的鼓励和支持。这不是一个人或团体的成绩，这是中国商业航天的成绩。

颜军还清晰地记得，公司计划打造卫星星座的时候，王家耀院士主动把自己最得力的干将、卫星系统专家潘申林老师派遣到欧比特工作。

让颜军难忘的是，公司的第一块宇航SOC芯片是与母校哈工大合作研制的。当年他找到哈工大的叶以正教授，叶老师不遗余力去帮助自己，师生们共同努力终于成功研发出了国内第一块高可靠S698处理器芯片。而这次卫星星座的研制，又是哈工大卫星技术研究所承担了第二组、第三组卫星的卫星平台研制任务，将卫星载荷、数传系统等集成，对整星系统进行集成和测试。

为了确保卫星大数据产业的发展，欧比特还与十几家高等院校合作。跟武汉大学合作专门做卫星数据处理，跟清华大学、北京大学合作做自动化处理，跟青岛科技大学合作专门培养人才。为此，青岛科技大学还专门在学校设立了“大数据学院”。欧比特还跟广东工业大学、中山大学建立了长期的合作关系。

说来也巧，广东工业大学的前校长陈新教授和颜军曾经是校友，欧比特负责生产部的总经理助理陈伙力也是广东工业大学毕业的。

与这十几家名校的合作，再加上还有很多“欧比特人”不分昼夜、不计回报默默地付出努力，才使“珠海一号”卫星星座能够顺利进入太空。

后来，许多有抱负的青年人才加入了欧比特公司。公司副总殷俊在管理上很有一套方法，他培养了一大批得力干将；负责营销的李富海副总，为了工作，长年在外奔波，为公司创造了巨大的效益；当时的董事长秘书姜红女士，为公司的治理结构改善、规范化管理和运行等做了艰苦细致的工作，取得了巨大成绩。

公司上市后，运行管理走向了规范化和正规化。几届董事会、管理团队、监事会都兢兢业业，为公司的发展壮大集思广益，日夜操劳，不遗余力地工作。是他们，成就了今天的欧比特和商业航天的梦想。

王伟在公司初创时做过人事管理，公司上市后，王伟担任监事会主席。她为公司的发展和运营操劳了18年，是公司的中流砥柱。常务副总蒋晓华，从负责SOC芯片设计发展到研发部的负责人，后来专注负责卫星设计及卫星大数据事业部的工作，他任劳任怨，带领一班人创造了奇迹，把公司规划蓝图变为了现实。技术总师潘申林，是一个非常有特点的技术总师，具备吃苦耐劳的精神，他记忆力超好，什么事情都记在他的脑子里：把握卫星整体设计指标，监督卫星研制，计算卫星轨道。还有很多的“欧比特人”，比如颜志宇、徐红、黄小虎、龚永红、周克伟、张强志、唐芳福、董文岳、王烈洋、孙凌燕、许怡冰、吴佳奇、周学林、黄滕杰、张强等。

颜军一直认为，欧比特之所以能够有所发展，是因为他身后有这些愿意为公司默默付出的“欧比特人”，还有恩师李国伟教授、叶以正教授、王家耀院士等。没有叶老师的指导和参与，S698芯片不可能那么快地推出；没有航天及航空行业对于国产芯片的应用及支持，欧比特的宇航芯片就不可能得到应用推广；没有王院士的指导和鼓励，“珠海一号”卫星星座就不可能建成。

每当想到这些兄弟，想到叶以正老师，想到王家耀院士，想到珠海人民对公司的关怀，想到合作方的真诚合作，想到客户们对公司的认可，想到过去老领导、老专家、老同事们的鼓励和帮助，颜军就感觉特别温暖，特别受鼓舞，感觉自己特别幸运。

“珠海一号”卫星星座的背后，是一群愿意为航天事业默默奉献的人，是大家的众志成城让卫星入轨运行，他们是真正的英雄。

一首《真心英雄》唱出了颜军的心声：“在我心中，曾经有一个梦，要用歌声让你忘了所有的痛；灿烂星空，谁是真的英雄？平凡的人们给我最多感动……”

卫星升空只是一瞬间，而卫星的地面保障工作，包括测量控制、数据接收、数据处理等一系列后期工作，仅在珠海就有一个庞大的团队在做。卫星工程涉及整条产业链的方方面面，包括设计制造端、发射端和数据处理分析应用端。除了设计制造和发射端需做大量的合作、沟通、协调工作外，数据处理分析应用端面临的也是各种技术挑战，需要更新的技术来解决应用问题。而卫星数据应用，卫星数据的“落地”，给人类带来的利好是无法估算的。

一个民族一定要有记忆，历史才不会被遗忘。一个企业也一定要有记忆，才能以史为鉴。

一切过往，皆为序章。为了不再受制于人，为了祖国的繁荣富强，为了守护祖国的青山绿水，为了修复受损的地球，颜军和“珠海一号”卫星星座背后的无数科学家和工程师，为了实现这些伟大的梦想，将一如既往地为商业航天事业继续奋斗：把握生命中的每一分钟，全力以赴我们心中的梦……

赵天云

2020年7月7日于深圳前海